"十二五"普通高等教育本科国家级规划教材

综合日语
第三版

总主编 彭广陆 〔日〕守屋三千代

第二册学习手册

主 编 何 琳 毕晓燕
审 校 〔日〕滨田亮辅 〔日〕山本美纪

北京大学出版社
PEKING UNIVERSITY PRESS

图书在版编目（CIP）数据

综合日语第二册学习手册 / 何琳、毕晓燕主编. —3版. —北京：北京大学出版社，2023.1
ISBN 978-7-301-33697-7

Ⅰ.①综⋯ Ⅱ.①何⋯②毕⋯ Ⅲ.①日语 – 高等学校 – 教学参考资料 Ⅳ.① H369.39

中国国家版本馆 CIP 数据核字 (2023) 第 015027 号

书　　　名	综合日语（第二册学习手册）（第三版） ZONGHE RIYU (DI-ER CE XUEXI SHOUCE)(DI-SAN BAN)
著作责任者	何　琳　毕晓燕　主编
责任编辑	兰　婷
标准书号	ISBN 978-7-301-33697-7
出版发行	北京大学出版社
地　　　址	北京市海淀区成府路 205 号　100871
网　　　址	http://www.pup.cn　新浪微博：@ 北京大学出版社
电子邮箱	编辑部 pupwaiwen@pup.cn　总编室 zpup@pup.cn
电　　　话	邮购部 010-62752015　发行部 010-62750672　编辑部 010-62759634
印　刷　者	河北文福旺印刷有限公司
经　销　者	新华书店 787 毫米 ×1092 毫米　16 开本　14.25 印张　380 千字 2005 年 9 月第 1 版　2013 年 11 月第 2 版 2023 年 1 月第 3 版　2024 年 4 月第 4 次印刷
定　　　价	48.00 元

未经许可，不得以任何方式复制或抄袭本书之部分或全部内容。
版权所有，侵权必究
举报电话：010-62752024　电子邮箱：fd@pup.cn
图书如有印装质量问题，请与出版部联系，电话：010-62756370

前　言

《综合日语（第三版）》系列教材由主教材、学习手册、教学参考书组成。本册可与《综合日语（第二册）（第三版）》配套使用。

学习手册为学生自主学习提供有效的学习方案，每一单元由课前学习、课后学习以及自我检测组成。

1. 课前学习

采用思维导图等直观、简洁的可视化方式呈现词汇、语法等主要语言知识，降低理解难度，呈现思考过程，激发思考，提高记忆的有效性，鼓励学生通过观察、思考、实践完成语言知识的自主学习，为课堂上开展学习活动、解决问题做好准备，为翻转课堂、混合式教学等教学方式提供有效的支持。

2. 课后学习

帮助学生梳理各单元重点学习内容，及时对学习情况做出自我评价。

3. 自我检测

主要由修订版练习册的内容组成，涵盖教材的学习重点、难点。包括（1）文字、词汇、语法；（2）听力；（3）阅读三大部分，帮助学生归纳、整理语言基础知识，查漏补缺。

学习手册参考答案参见《综合日语：教学参考书（第三版）》。

《综合日语（第三版）》系列教材通过公共网络平台分享优质学习资源，超越了固定模式，打破了"纸质媒介"的限制，成为动态、多模态的系列教材。《综合日语：学习手册（第三版）》出版后，编委会将根据时代的发展、使用者的反馈，不断更新、补充动态资源，为日语学习提供更有效的帮助。

在编写过程中，所有成员倾注了大量心血，但是由于水平、时间有限，难免存在不尽如人意之处，希望广大师生批评指正，以便今后不断修订完善。衷心感谢大家对本教材的厚爱，希望《综合日语：学习手册（第三版）》能够伴随更多学习者轻松、愉快地学习日语。

《综合日语：学习手册（第三版）》编者
2022年11月5日

目　次

第1課　春節……………………………………………………………………1
　ユニット1　春節の習慣……………………………………………………1
　ユニット2　春節の体験……………………………………………………4
　ユニット3　日本の正月……………………………………………………7
　自我检测……………………………………………………………………11

第2課　コンサート……………………………………………………………19
　ユニット1　コンサート……………………………………………………19
　ユニット2　遅刻……………………………………………………………23
　ユニット3　ポップカルチャー……………………………………………25
　自我检测……………………………………………………………………29

第3課　病気……………………………………………………………………36
　ユニット1　診察……………………………………………………………36
　ユニット2　お見舞い………………………………………………………39
　ユニット3　中国に来てから今まででいちばんうれしかったこと
　　　　　　　（高橋さんの日記）…………………………………………44
　自我检测……………………………………………………………………47

文法のまとめ（第1—3課）……………………………………………………54

第4課　環境問題………………………………………………………………57
　ユニット1　報道番組の環境問題特集……………………………………57
　ユニット2　家族からの電話………………………………………………61
　ユニット3　緑の奇跡-塞罕壩（『遣唐使』への投書）…………………65
　自我检测……………………………………………………………………67

目次

第5課　遠足 …… 74
- ユニット1　遠足の計画 …… 74
- ユニット2　遠足の日 …… 79
- ユニット3　お礼の手紙：先生へ …… 81
- 自我検測 …… 84

第6課　宝くじ …… 91
- ユニット1　宝くじに当たった人の話 …… 91
- ユニット2　本末転倒 …… 94
- ユニット3　新入生へのアンケートから（東西大学学生新聞） …… 98
- 自我検測 …… 101

文法のまとめ（第4—6課） …… 107

第7課　弁論大会 …… 109
- ユニット1　弁論大会のポスター …… 109
- ユニット2　イメージチェンジ …… 113
- ユニット3　鳥獣戯画（李の弁論の参考資料） …… 115
- 自我検測 …… 119

第8課　留学試験の面接 …… 126
- ユニット1　面接試験 …… 126
- ユニット2　面接試験のあと …… 130
- ユニット3　敬語の使われ方について（インターネット掲示板） …… 133
- 自我検測 …… 136

第9課　ゴールデンウイーク …… 143
- ユニット1　高橋さんの一時帰国 …… 143
- ユニット2　日本のゴールデンウイーク …… 147
- ユニット3　Uターン就職（東西大学学生新聞） …… 150
- 自我検測 …… 152

文法のまとめ（第7—9課） …… 158

第10課　受験 …… 160
- ユニット1　母からの電話 …… 160
- ユニット2　渡辺さんを励ます会 …… 164

ユニット3　大学生の悩み（インターネット掲示板）	168
自我检测	173

第11課　アルバイト　　　　　　　　　　　　　　　　　180

ユニット1　アルバイト探し	180
ユニット2　会社への電話	183
ユニット3　今から始める就職活動	186
自我检测	192

第12課　旅立ち　　　　　　　　　　　　　　　　　　　199

ユニット1　先生への挨拶	199
ユニット2　別れ	202
ユニット3　私と日本語	204
自我检测	206

文法のまとめ（第10—12課）　　　　　　　　　　　　　213

助詞のまとめ　　　　　　　　　　　　　　　　　　　　215

第1課　春節

 　春節の習慣

课前学习

1. 听录音，给汉字注音，并熟读这些单词。

(1) 昔　　　　(2) 味　　　　(3) 具　　　　(4) 豚

(5) 飴　　　　(6) ひき肉　　(7) 地方　　　(8) 家庭

(9) お宅　　　(10) 休暇　　　(11) 縁起　　　(12) 特別

(13) 心配　　　(14) 細かい　　(15) 刻む　　　(16) 包む

(17) 似る　　　(18) 飾りつけ

2. 仔细观察、体会「V方」的意义和用法。

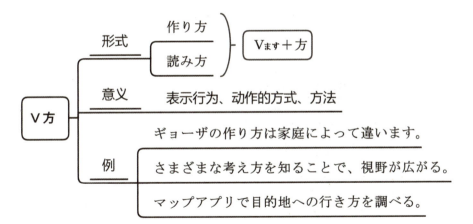

3. 仔细观察、体会「Ｖてから」的意义和用法。

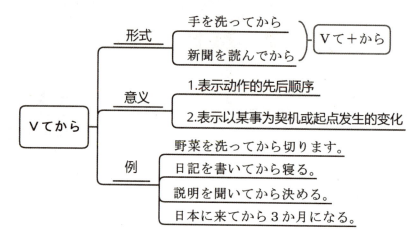

4. 仔细观察、体会「だけ＋格助词」的意义和用法。

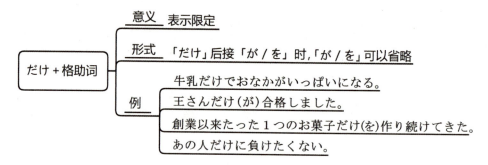

5. 仔细观察、体会「Ｎがする」的意义和用法。

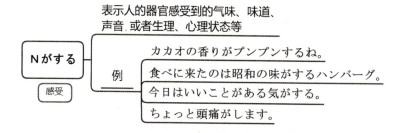

6. 仔细观察、体会「Ｎによって（違う）」的意义和用法。

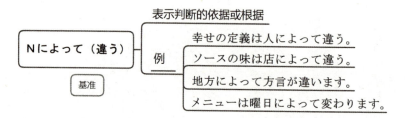

7. 你的家乡有什么春节习俗呢？

あなたの出身地	
あなたの地元で春節に必ず食べるもの	ギョーザ　　ちまき　　その他_____
春節に最も楽しみにしていること	お年玉　　テレビの特別番組　　年始の挨拶回り その他_____
「春節」と聞いて思い浮かぶキーワード	

课后学习

1. 记录今天从其他同学那里学到的表达、观点。

_____
_____
_____
_____

2. 学完第1课第1单元，你能够做以下事情。请完成下列表格。

简单地介绍春节	

3. 对照本单元的学习目标，检测一下自己是否达标了。

基本理解＝达标
尚未理解＝未达标
完全理解＝超水平

学习目标	例句	达标情况
Nによって（違う）〈基准〉		
V方〈方法〉		
Vてから〈先后顺序〉		
だけ＋格助词〈限定〉		
Nがする〈感受〉		
どうやって～んですか〈询问方式〉		

第1課　春節

 2 春節の体験

课前学习

1. 听录音，给汉字注音，并熟读这些单词。

(1) 街　　　　(2) 間　　　　(3) 爆竹　　　　(4) 花火
(5) 切り紙　　(6) 気分　　　(7) 一家だんらん　(8) ライブ配信
(9) 赤い　　　(10) 変わる　　(11) 盛り上がる

2. 仔细观察、体会「間」「間に」的意义和用法。

Nの／Vているあいだ〈时间段〉　　　　Nの／Vているあいだに〈时间点〉

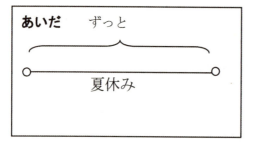
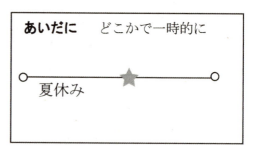

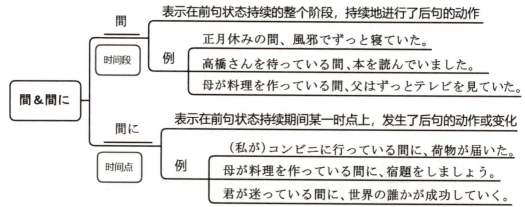

3. 仔细观察、体会「Vている（4）〈状态〉」的意义和用法。

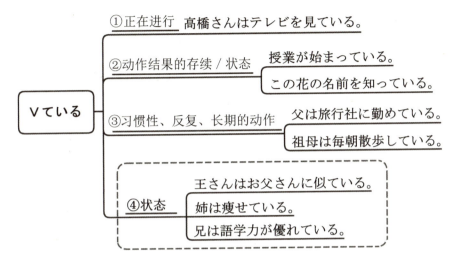

4. 仔细观察、体会「Nをしている」的意义和用法。

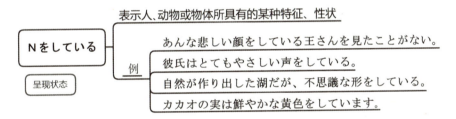

5. 仔细观察、体会「Nらしい」的意义和用法。

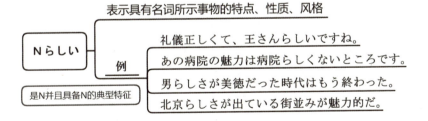

6. 仔细观察、体会「Vてよかった」的意义和用法。

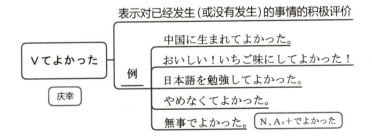

7. 完成下列任务单。

	買ってよかったもの	理由
1		
2		
3		
4		
5		

课后学习

1. 记录今天从其他同学那里学到的表达、观点。

_____
_____
_____
_____

2. 学完第1课第2单元，你能够做以下事情。请完成下列表格。

谈论春节的习惯	
谈论新时代的春节	

3. 对照本单元的学习目标，检测一下自己是否达标了。

学习目标	例句	达标情况
Vている（4）〈状态〉		
Nの／Vているあいだ〈时段〉		
Nの／Vているあいだに〈时点〉		
Nらしい／らしさ〈风格、特征〉		
Nをしている〈呈现状态〉		
Vてよかった〈积极评价〉		

ユニット3 日本の正月

课前学习

1. 听录音，给汉字注音，并熟读这些单词。

(1) 続く　　　(2) 迎える　　(3) 願う　　　(4) 惜しむ
(5) 長寿　　　(6) 新年　　　(7) 西暦　　　(8) 暮れ
(9) 寺　　　　(10) 神社　　　(11) 初詣　　　(12) 除夜の鐘
(13) 挨拶　　　(14) 帰省　　　(15) 大掃除　　(16) 職場
(17) 仕事納め　(18) 仕事始め　(19) 年始　　　(20) 年越し
(21) 風景　　　(22) 風物詩　　(23) 子孫　　　(24) 繁栄
(25) 行く年　　(26) 来る年　　(27) 大都市　　(28) お雑煮
(29) 数の子　　(30) 鯛　　　　(31) 昆布　　　(32) 黒豆
(33) 細い　　　(34) 永い　　　(35) 三が日　　(36) 年中行事

2. 仔细观察、体会「～となる」的意义和用法。

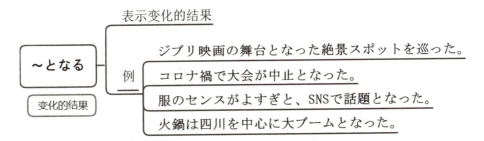

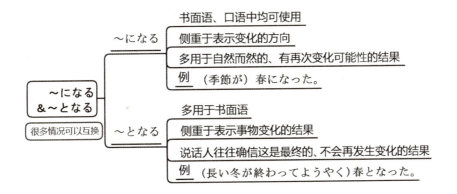

3. 仔细观察、体会「A₁く」的意义和用法。

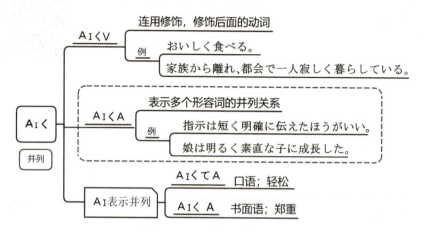

4. 仔细观察、体会「(数量詞)ほど」的意义和用法。

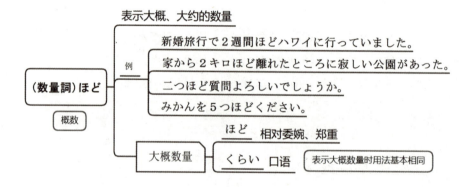

5. 仔细观察、体会「Nにとって」的意义和用法。

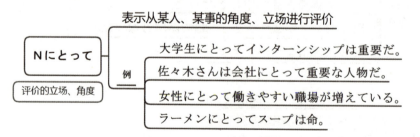

6. 完成下列任务单。

	日本のお正月について知っていること
1	
2	
3	
4	
5	

课后学习

1. 记录今天从其他同学那里学到的表达、观点。

_____
_____
_____
_____

2. 学完第1课第3单元，你能够做以下事情。请完成下列表格。

了解日本的「お正月」	
能够简单地介绍一个节日	

3. 对照本课的学习目标，检测一下自己是否达标了。

学习目标	例句	达标情况
A₁く〈并列〉		
（数量词）ほど〈概数〉		
〜（と）は〜のことだ〈定义〉		
〜となる〈变化的结果〉		
Nにとって〈评价的立场、角度〉		

第 1 課　春節

实力挑战

🎧　录音中文化馆的讲解员在向日本留学生介绍中国的年画，请你帮助她翻译成日语。

参考单词：

年画（ねんが）　　鯉（こい）　　蓮（はす）

小贴士：翻译需要灵活应对，无论是日常生活还是重要场合的翻译，我们都必须一气呵成，没有重复、修改的机会。所以在翻译练习中也要有意识地一次完成，不会翻译的地方可以用类似的表达代替。全部完成之后再不断复盘，反复练习。

自我检测

文法リスト

- Vている（4）〈状态〉
- V方〈方法〉
- Nがする〈感受〉
- （数量词）ほど〈概数〉
- Nの／Vているあいだに〈时点〉
- Nをしている〈呈现状态〉
- Vてよかった〈积极评价〉
- ～となる〈变化的结果〉
- Nによって（違う）〈基准〉
- Vてから〈先后顺序〉
- A₁く〈并列〉
- だけ＋格助词〈限定〉
- Nの／Vているあいだ〈时段〉
- どうやって～んですか〈询问方式〉
- Nらしい／らしさ〈风格、特征〉
- Nにとって〈评价的立场、角度〉
- ～（と）は～のことだ〈定义〉

単語帳

コイン　ナッツ　イルミネーション　ランタン　ホンバオ　帰省ラッシュ　ライブ配信
挨拶　心配　休暇　気分　長寿　言葉　遊び　街　地方　家庭　お宅　一家だんらん
子孫繁栄　昔　西暦　年中行事　暮れ　大晦日　新年　年始　三が日　行く年
来る年　晩　あいだ　縁起　年越しそば　寺　神社　鐘　除夜の鐘　初詣　爆竹
花火　切り紙　飾りつけ　職場　仕事納め　仕事始め　風景　風物詩　大都市
大掃除　飴　味　ニラ　豚ひき肉　具　水ギョーザ　お雑煮　数の子　黒豆　まめ
昆布　鯛　変わる　続く　迎える　願う　あふれる　似る　刻む　まぜる　包む
ゆでる　盛り上がる　惜しむ　細かい　細い　赤い　永い　めでたい　特別
たいてい　ふだん　せっかく

チャレンジ　ペア　ソース　アップ　チャーハン　バナナ　ゴールデンウイーク
ドラマ　花　風　声　匂い　形　歯　目　腕　冬　虎　塩　醤油　お酢　わさび
たまご　感じ　となり　季節　場合　お弁当　昼休み　瞬間　休憩　文章　内容
確認　形式　手順　例　博物館　建造　生まれる　あきらめる　伝える　比べる
まとめる　訪ねる　磨く　つながる　つける　炒める　話し合う　異なる　曲がる
終える　倣う　焼く　悲しい　大事　大きな

第1課　春節

 I. 文字・词汇・语法

1. 写出下列画线部分汉字的正确读音。

(1) お正月には、たくさんの人が神社やお寺へ初詣に行く。
(2) 食器を新聞紙に包んで箱に入れた。
(3) 私は豚肉より魚のほうがおいしいと思います。
(4) 地球上から肉眼で見える星の数は、どのぐらいですか。
(5) 王さんがローラさんに漢字の書き方を丁寧に教えています。
(6) 細かいことは考えない。
(7) 健康が何よりも大切だ。
(8) 1年の終わりに感謝の気持ちを伝えよう。
(9) 父は寝る時間も惜しんで、ばりばり働いていた。
(10) あの建物はちょっと変わった形をしている。

(1)	(2)
(3)	(4)
(5)	(6)
(7)	(8)
(9)	(10)

2. 将下列画线部分的假名改写成汉字。

(1) 祖母のちょうじゅの秘密はお肉です。
(2) ごしんぱいをおかけして、申し訳ありませんでした。
(3) 番号とお名前をかくにんしてから書いてください。
(4) 久しぶりにきゅうかを取って実家に帰った。
(5) 自分の技術をみがくのは今後の課題だ。
(6) しょくばが家に近いから、歩いて通っている。
(7) きせいするとき、いつもおみやげのことで悩む。
(8) 大きなこえを出して応援しましょう。
(9) 今、注目を集めているのはライブはいしんだ。
(10) 今年はどこで新年をむかえましたか。

(1)	(2)
(3)	(4)
(5)	(6)
(7)	(8)
(9)	(10)

3. 从 a～d 中选择正确答案。

(1) 「518」は、中国人にとって＿＿＿＿のいい数字です。
　　a. 挨拶　　　b. 手順　　　c. 縁起　　　d. 飾りつけ
(2) 実家では、＿＿＿＿におせち料理を作っておきます。
　　a. 暮れ　　　b. 普段　　　c. 場合　　　d. 西暦

(3) 私にとっては、家族も仕事も両方とも＿＿＿＿です。
  a. 丁寧　　　　b. 大切　　　　c. 人気　　　　d. 得意

(4) 近所の人とは交流がなく、＿＿＿＿名前も知らない。
  a. 次々と　　　b. 非常に　　　c. 大切に　　　d. 互いに

(5) 姉の指は＿＿＿＿きれいです。
  a. こわくて　　b. ほそくて　　c. めでたくて　d. はずかしくて

(6) 姉は母に＿＿＿＿、とてもきれいです。
  a. にて　　　　b. やいて　　　c. みがいて　　d. つづいて

(7) 玉ねぎの色が＿＿＿＿まで炒めるとおいしくなります。
  a. まぜる　　　b. きざむ　　　c. かわる　　　d. ことなる

(8) 娘の幸せを心から＿＿＿＿います。
  a. 惜しんで　　b. 願って　　　c. 迎えて　　　d. 包んで

(9) ＿＿＿＿東京に出てきたんだからうまいものでも食べていくか。
  a. ふだん　　　b. ずっと　　　c. せっかく　　d. たいてい

(10) 友達と高校時代の話で＿＿＿＿、朝まで飲んだ。
  a. 磨いて　　　b. つながって　c. まとめて　　d. 盛り上がって

4. 在（　）中填上适当的助词。每个（　）填一个假名。

(1) どこへ行くかはみんな（　）考えて決めましょう。

(2) 李さん（　）（　）（　）話したのに、何でみんな知っているのだろう。

(3) 電子辞書を図書館（　）忘れました。

(4) 王さんが長い髪の女性と食事している（　）（　）見ました。

(5) 愛（　）あふれている家族はこんなにも強い絆で結ばれていた。

(6) これは生活（　）（　）生まれた知恵です。

(7) 李さんは交通事故で30分（　）（　）遅れそうです。

(8) 今日の午後、2階の教室（　）日本文化の講演があります。

(9) この歌、聴いたことがある気（　）する。

(10) ごみの種類（　）よって出す日が違います。

5. 将（　）里的词改成适当形式填写在＿＿＿＿上。

(1) 年齢と職業によって（呼ぶ）＿＿＿＿方が違います。

(2) 夜、本を（読む）＿＿＿＿音楽を（聴く）＿＿＿＿します。

第1課　春節

(3) 宿題を（する）＿＿＿＿＿＿＿＿からテレビを見ます。
(4) 引越しする前に（要る）＿＿＿＿＿＿＿＿ものを捨てます。
(5) あの（曲がる）＿＿＿＿＿＿＿＿道の向こうに病院があります。
(6) 今年も（長い、暑い）＿＿＿＿＿＿＿＿夏が4か月続く。
(7) （留学する）＿＿＿＿＿＿＿＿あいだ、ずっと名古屋に住んでいました。
(8) おかげで今日はおいしいお魚が（食べられる）＿＿＿＿＿＿＿＿よかったわ。
(9) 一年しか勉強しなかったので日本語がまだ（上手だ）＿＿＿＿＿話せません。
(10) 前髪を（短い）＿＿＿＿＿＿＿＿してください。

6. 完成下列句子。

(1) 仕事が終わってから＿＿＿＿＿＿＿＿＿＿＿＿＿＿＿＿＿＿＿＿＿＿＿＿＿＿＿＿。
(2) 王さんと喫茶店に入ったら＿＿＿＿＿＿＿＿＿＿＿＿＿＿＿＿＿＿＿＿＿＿＿＿。
(3) 暇な時、＿＿＿＿＿＿＿＿＿＿＿＿＿＿＿＿＿＿＿＿＿＿＿＿＿＿＿＿＿＿＿＿。
(4) 大学で勉強している間＿＿＿＿＿＿＿＿＿＿＿＿＿＿＿＿＿＿＿＿＿＿＿＿＿。
(5) 大学で勉強している間に＿＿＿＿＿＿＿＿＿＿＿＿＿＿＿＿＿＿＿＿＿＿＿。
(6) 中秋節とは＿＿＿＿＿＿＿＿＿＿＿＿＿＿＿＿＿＿＿＿＿＿＿＿＿＿＿＿＿＿。
(7) 漢字は外国人にとって＿＿＿＿＿＿＿＿＿＿＿＿＿＿＿＿＿＿＿＿＿＿＿＿。
(8) 先生によって＿＿＿＿＿＿＿＿＿＿＿＿＿＿＿＿＿＿＿＿＿＿＿＿＿＿＿＿。
(9) どうやって＿＿＿＿＿＿＿＿＿＿＿＿＿＿＿＿＿＿＿＿＿＿＿＿＿＿＿＿＿。
(10) パソコンの調子が悪い時、＿＿＿＿＿＿＿＿＿＿＿＿＿＿＿＿＿＿＿＿＿。

7. 从a～d中选择正确答案。

(1) きれいな手＿＿＿している人がうらやましい。
　　　a. に　　　　b. で　　　　c. へ　　　　d. を
(2) 私は毎朝30分＿＿＿日本語を音読しています。
　　　a. から　　　b. まで　　　c. より　　　d. ほど
(3) 今年の大河ドラマは視聴率が高く、若者の間でも話題＿＿＿なっている。
　　　a. が　　　　b. と　　　　c. を　　　　d. で
(4) A：日本に＿＿＿から日本語の勉強を始めたのですか。
　　　B：いいえ、国でも少し勉強しました。
　　　a. 来る　　　b. 来　　　　c. 来て　　　d. 来ます
(5) 母が買い物をしている＿＿＿、父はずっと車で待っていました。
　　　a. 間　　　　b. 間に　　　c. まで　　　d. までに

(6) 子どもたちは＿＿＿先生の話を聞いています。
　　a. 静か　　　　b. 静かで　　　　c. 静かな　　　　d. 静かに

(7) 休日は本を＿＿＿して過ごしています。
　　a. 読むたり　　b. 読みたり　　　c. 読まだり　　　d. 読んだり

(8) 敬語の＿＿＿がよくわかりません。
　　a. 使う方　　　b. 使い方　　　　c. 使って方　　　d. 使った方

(9) 1年生＿＿＿、日本語の単語をたくさん覚えることは大切です。
　　a. にとって　　b. によって　　　c. について　　　d. に言って

(10) 女性＿＿＿を意識した製品が主流だ。
　　a. らしい　　　b. らし　　　　　c. らしさ　　　　d. らしこと

8. 从a～d中选择一个与画线句子意思最相近的句子。

(1) この単語は時代によって意味が違います。
　　a. この単語は違う時代に違う意味で使います。
　　b. この単語は同じ時代に違う意味で使います。
　　c. この単語は昔いろいろな意味がありました。
　　d. この単語の意味は分かりません。

(2) スイカの値段は高かったり、安かったりします。
　　a. 高いスイカも安いスイカもあります。
　　b. スイカは値段によって食べ方が違います。
　　c. スイカは高いときも安いときもあります。
　　d. スイカの値段はいつも同じです。

(3) 日本語を少し勉強してから、日本へ留学します。
　　a. 日本語を勉強するから日本へ行きます。
　　b. 日本へ行く前に、日本語を勉強します。
　　c. 日本へ行った後で、日本語を勉強します。
　　d. 日本語が上手になってから、日本へ留学します。

(4) 試験の結果だけが心配です。
　　a. 試験の結果も心配です。
　　b. 試験の結果などが心配です。
　　c. 試験の結果はあまり心配していません。
　　d. 試験の結果のほかに心配がありません。

第1課　春節

(5) 家から会社まで1時間ほどかかります。
　　a. 家から会社まで1時間しかかかりません。
　　b. 家から会社まで1時間もかかります。
　　c. 家から会社まで1時間ぐらいかかります。
　　d. 家から会社までちょうど1時間です。

9. 用日语解释下面的词语。

(1) 帰省
(2) 一家だんらん
(3) おせち料理
(4) 仕事納め
(5) 三が日

10. 正确排列a～d的顺序，并选择最适合填入 ★ 的部分。

(1) サービス定食は＿＿　★　＿＿　＿＿。
　　a. よって　　　b. に　　　c. 違います　　　d. 曜日
(2) 試験問題は先生によって＿＿　＿＿　＿＿　★　。
　　a. 簡単　　　b. 難しかったり　　　c. だったり　　　d. します
(3) みなさんは＿＿　＿＿　＿＿　★　のですか。
　　a. 勉強して　　　b. 日本語を　　　c. いる　　　d. どのようにして
(4) 海外ニュースの＿＿　＿＿　★　＿＿説明しました。
　　a. の　　　b. 検索　　　c. しかた　　　d. を
(5) このサイトには＿＿　＿＿　★　＿＿がたくさんある。
　　a. 役に立つ　　　b. にとって　　　c. 情報　　　d. 大学生
(6) ＿＿　＿＿　＿＿　★ 新しい年を迎えよう。
　　a. して　　　b. 部屋を　　　c. きれいに　　　d. 掃除
(7) ＿＿　＿＿　★　＿＿、あとは食べてしまいます。
　　a. 残して　　　b. 硬そうな　　　c. 種　　　d. だけを
(8) ＿＿　＿＿　★　、友達が来た。
　　a. 行っている　　　b. コンビニ　　　c. 間に　　　d. に
(9) 東北地方の冬は、 ★ 　＿＿　＿＿　＿＿5か月も続く。

a. が　　　　　b. 寒さ　　　　c. 厳しい　　　　d. 長く

(10) 運動会の準備で明日は朝6時までに____　★____　____。

　　　a. いなくては　　b. 学校に　　　c. 着いて　　　　d. いけません

Ⅱ. 听力

1. 听录音，选择正确答案。

(1) ____　(2) ____　(3) ____　(4) ____　(5) ____

2. 听录音，选择正确答案。

(1) 大学から病院へは、どのようにして行きますか。
　　a. 30番のバス　→　20番のバス
　　b. 25番のバス　→　20番のバス
　　c. 20番のバス　→　30番のバス
　　d. 25番のバス　→　10番のバス

(2) バスは混んでいますか。
　　a. 朝や夕方は混んでいますが、それ以外の時間は混んでいません。
　　b. 朝や夕方は混んでいませんが、それ以外の時間は混んでいます。
　　c. あまり混んでいなくて、いつも座ることができます。
　　d. いつも混んでいて座れません。

(3) いつ病院へ行くつもりますか。
　　a. 今から行きます。
　　b. 昼ご飯を食べる前に行きます。
　　c. 朝ご飯を食べてから行きます。
　　d. 昼ご飯を食べてから行きます。

3. 听录音，仿照例子把a～e填入表格中。

	違うこと	同じこと
中国の春節	（例）d	
日本の正月		

　　a. 年越しそばを食べる。

b. 除夜の鐘を静かに聞く。
c. 爆竹や花火をしてにぎやかにすごす。
d. ギョーザを食べる。
e. 家族だんらんの時間。

4. 听录音，从 a～c 选项中选择最佳应答。

(1) ___   (2) ___   (3) ___   (4) ___

Ⅲ. 阅读

阅读下列文章，回答问题。

　秋はおいしいものがたくさんあっていい季節ですね。ついつい食べ過ぎてしまい、翌日体重計にのってビックリということもしばしば……。おいしいものを食べるのは好きだけど、健康は維持したい、そんな思いは中国人も同じようです。先日も中国人の友達と一緒に食事をした席で、健康談義が始まりました。中国人は口々に「湯、糖、躺、燙」は体に悪いと言います。"汤、糖、躺、烫"の意味ですが、「湯 tāng（スープ）」はスープを飲みすぎること、「糖 táng（砂糖）」は甘いものを食べること、「躺 tǎng（横になる）」は食べてすぐ横になること、「燙 tàng（熱い）」は極端に熱いものを食べること。これらの4つのことが体に悪いと言っているのです。どれも同じ「tang」という音で覚えやすいですね。スープを飲みすぎることが体に悪いというのはなぜでしょう。疑問だったので尋ねてみたところ、食事の最後にスープを飲む北方の習慣が良くないのだそうです。スープは南方の習慣と同様に最初に飲むのが良いとのこと。食事で満腹になってからスープではどうしても食べ過ぎになりますよね。なるほど。ダイエットのためにみなさんもスープは是非南方の飲み方でどうぞ。

問題

(1) 「体重計にのってビックリ」したのはなぜですか。
(2) なぜ「湯、糖、躺、燙」は体に悪いと言っていますか。
(3) スープの飲み方は北と南でどう違いますか。
(4) なぜ南方式のスープの飲み方を勧めていますか。

第2課 コンサート

 コンサート

课前学习

1. 听录音，给汉字注音，并熟读这些单词。

(1) 自信　　(2) 国家　　(3) 首都　　(4) 入り口
(5) 左　　　(6) 待ち合わせ　(7) 救急車　(8) 急
(9) 過ぎる　(10) 着る　　(11) 急ぐ　　(12) 間に合う
(13) 呼ぶ　(14) 切れる　(15) 飛び出す

2. 仔细观察、体会「～と」「～ないと～ない」意义和用法。

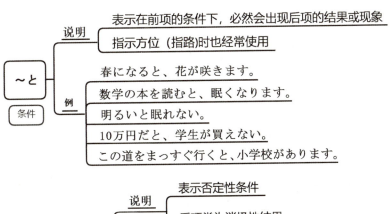

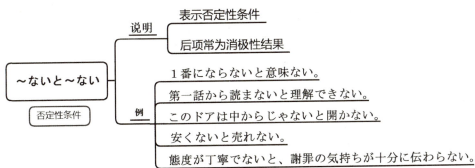

3. 仔细观察、体会「Ｖて来る／Ｖて行く」的意义和用法。

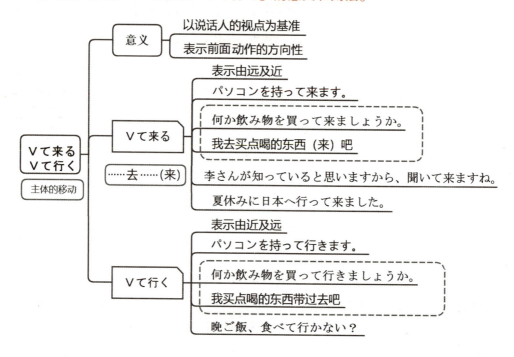

4. 仔细观察、体会「～ので」的意义和用法。

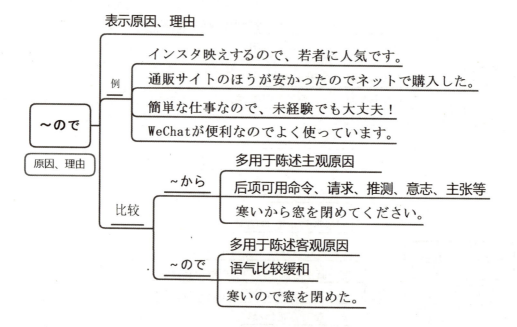

5. 仔细观察、体会「Vた／Vないほうがいい」的意义和用法。

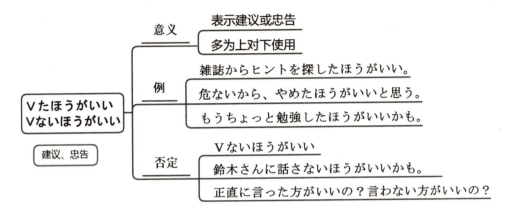

6. 仔细观察、体会「Vるまで」的意义和用法。

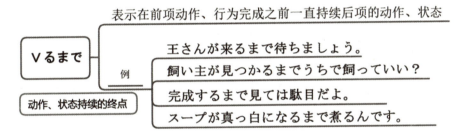

课后学习

1. 记录今天从其他同学那里学到的表达、观点。

_____
_____
_____
_____

2. 学完第2课第1单元，你能够做以下事情。请完成下列表格。

约定见面的时间、地点	
提出建议	
说明原因	
强烈请求	

第2課　コンサート

3. 对照本单元的学习目标，检测一下自己是否达标了。

学习目标	例句	达标情况
～と〈条件〉		
～ないと～ない〈否定性条件〉		
～ので〈原因、理由〉		
Vて来る／Vて行く〈主体的移动〉		
Vた／Vないほうがいい〈建议、忠告〉		
Vるまで〈状态持续的终点〉		

课前学习

1. 听录音，给汉字注音，并熟读这些单词。

   （1）遅刻　　（2）事故　　（3）途中　　（4）逢う　　（5）黙る　　（6）一体

2. 仔细观察、体会「～はずだ」的意义和用法。

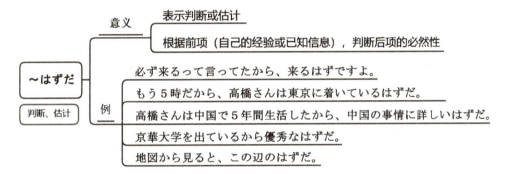

3. 仔细观察、体会「～かもしれない」的意义和用法。

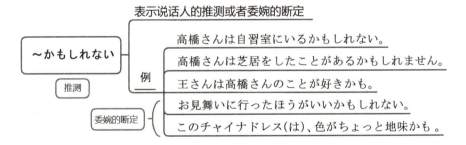

4. 仔细观察、体会「～のは、（～からではなくて）～からだ」的意义和用法。

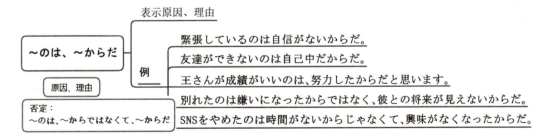

第2課　コンサート

5. 用「はずだ」「かもしれない」推测一下王宇翔、高桥等京华大学的小伙伴们今后会发生什么故事。

_____
_____
_____
_____

课后学习

1. 记录今天从其他同学那里学到的表达、观点。

_____
_____
_____
_____

2. 学完第2课第2单元，你能够做以下事情。请完成下列表格。

表示假设	
表示推测	
解释原因	

3. 对照本单元的学习目标，检测一下自己是否达标了。

学习目标	例句	达标情况
～はずだ〈判断、估计〉		
～かもしれない〈推测〉		
～か～〈疑问〉		
～のは、（～からではなくて）～からだ〈原因、理由〉		
Nの／Vる途中で〈动作进行中〉		

ポップカルチャー

课前学习

1. 听录音，给汉字注音，并熟读这些单词。

(1) 考える　　(2) 増える　　(3) 消える　　(4) 越える
(5) 指す　　　(6) 受け入れる (7) 役立てる　(8) 受け止める
(9) 活躍　　　(10) 登場　　　(11) 注目　　　(12) 共通
(13) 肯定　　　(14) 否定　　　(15) 上映　　　(16) 排除
(17) 真剣　　　(18) 盛ん　　　(19) 活発　　　(20) 意見
(21) 人類　　　(22) 国境　　　(23) 隣国　　　(24) 自国
(25) 海外　　　(26) 大衆　　　(27) 財産　　　(28) 親近感
(29) 古く　　　(30) 親しみ　　(31) 一衣帯水

2. 推测下列外来语的意思。

(1) ポップカルチャー　　(2) インターネット
(3) アピール　　　　　　(4) エンターテインメント

3. 仔细观察、体会「Ｖてくる／Ｖていく」的意义和用法。

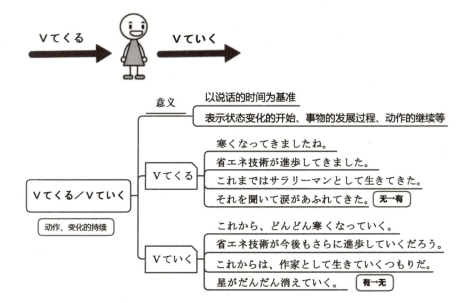

第2課　コンサート

4. 仔细观察、体会「Vないで」的意义和用法。

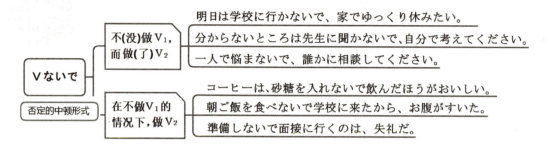

5. 仔细观察、体会「Nの／Vるたびに」的意义和用法。

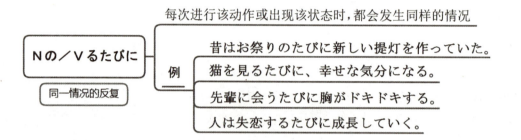

6. 仔细观察、体会「Vるべきだ」的意义和用法。

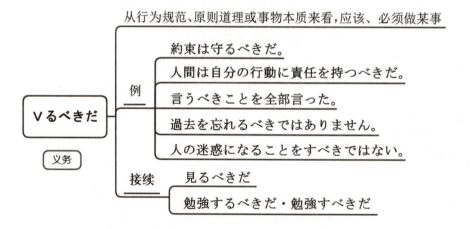

7. 仔细观察、体会「～というN」的意义和用法。

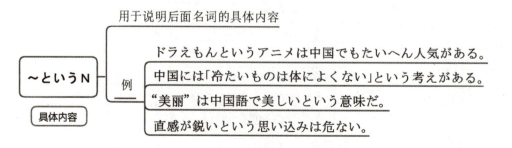

8. 仔细观察、体会「Vやすい／Vにくい」的意义和用法。

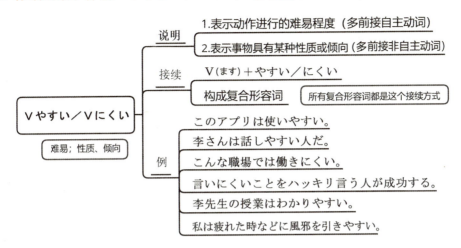

9. 仔细观察、体会「Nにより／Nによって」的意义和用法。

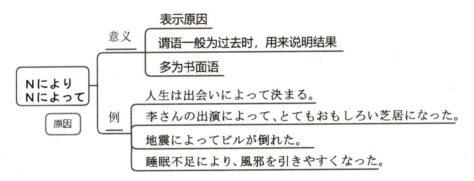

10. 仔细观察、体会「N／Vるにとどまらず」的意义和用法。

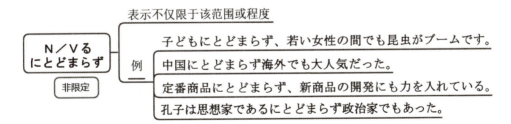

第2課　コンサート

课后学习

1. 记录今天从其他同学那里学到的表达、观点。

_____
_____
_____
_____

2. 学完第2第3单元，你能够做以下事情。请完成下列表格。

简单说明中日间的文化交流	
简单介绍大众文化	

3. 对照本单元的学习目标，检测一下自己是否达标了。

学习目标	例句	达标情况
Vてくる／Vていく〈动作、变化的持续〉		
Vないで〈动作的否定〉		
Nの／Vるたびに〈同一情况的反复〉		
Vるべきだ〈义务〉		
〜というN〈内容〉		
Vやすい／Vにくい〈难易〉		
Nにより／Nによって〈原因〉		
N／Vるにとどまらず〈非限定〉		

实力挑战

　　日本歌手A因用日语翻唱中国流行歌曲而在日本引起广泛关注，录音是媒体对她的采访，请你来做翻译。

自我检测

文法リスト

- ～と〈条件〉
- ～ないと～ない〈否定性条件〉
- Ｖて来る／Ｖて行く〈主体的移动〉
- Ｖてくる／Ｖていく〈动作、变化的持续〉
- ～ので〈原因、理由〉
- Ｎにより／Ｎによって〈原因〉
- ～はずだ〈判断、估计〉
- ～かもしれない〈推測〉
- Ｖた／Ｖないほうがいい〈建议、忠告〉
- Ｖないで〈动作的否定〉
- Ｎの／Ｖるたびに〈同一情况的反复〉
- Ｖるべきだ〈义务〉
- Ｖやすい／Ｖにくい〈难易〉
- ～というＮ〈内容〉
- Ｖるまで〈状态持续的终点〉
- Ｎの／Ｖる途中で〈动作进行中〉
- ～か～〈疑问〉
- ～のは、（～からではなくて）～からだ〈原因、理由〉
- Ｎ／Ｖるにとどまらず〈非限定〉

単語帳

バッテリー　アピール　コート　ポップカルチャー　エンターテインメント
インターネット　左　国家　国境　隣国　自国　海外　一衣帯水　首都　大衆　人類
財産　自信　意見　事故　途中　古く　親近感　親しみ　申し訳　救急車　入り口
待ち合わせ　遅刻　活躍　登場　上映　注目　肯定　否定　活発　共通　排除
増える　消える　考える　役立てる　受け入れる　受け止める　過ぎる　着る　呼ぶ
切れる　急ぐ　間に合う　逢う　黙る　指す　越える　飛び出す
急　もうすぐ　いっそう　盛ん　ますます　真剣　いったい　つまり

ボランティア　プロジェクト　ストレス　サイト　トピック　アーティスト　ブログ
サービス　オートバイ　ジョギング　イラスト　ポップコーン　Ｕターン　セリフ
新型コロナ　トンポーロウ
魚　鳥　雪　雨　質　彼　世　田舎　小学校　中央　市民　人生　花屋　洋服　会議
理由　世代　手段　基礎　状況　今後　悪口　半分　料金　信号　講座　財布　方々
飲み物　忘れ物　不況　人手不足　疑問詞　弱気　戦争　見た目　就職　進歩　花見
推測　判断　成功　倒産　発生　接客　急成長　欠席　失恋　帰国
走る　飛ぶ　暮らす　降る　なくす　降りる　迷う　気づく　落とす　壊れる　込む
広がる　通る　たまる　与える　減らす　分ける　履く　空く
早い　まっすぐ　さらに　できるだけ　確か　深刻　ゆっくり　先に　不注意
もう一

第2課　コンサート

 I. 文字・詞汇・语法

1. 写出下列画线部分汉字的正确读音。

(1) お姉さんが<u>入り口</u>で待っているよ。
(2) その映画は海外での<u>上映</u>が決定しています。
(3) 時間がないから、<u>急</u>いで行きましょう。
(4) 地震や水害で家が<u>壊</u>れたときに保険金が受け取れます。
(5) 物流業界は長年<u>人手不足</u>に悩んでいます。
(6) どっちを買おうか<u>迷</u>ってるんだよ。
(7) 交通<u>事故</u>の原因を調査している。
(8) また<u>遅刻</u>したんですか。
(9) 彼はずっと<u>黙</u>っていた。
(10) 中国でコンサートを<u>開</u>く海外の歌手が多くなった。

(1)	(2)
(3)	(4)
(5)	(6)
(7)	(8)
(9)	(10)

2. 将下列画线部分的假名改写成汉字。

(1) ピアノ教室に通い音楽を<u>きそ</u>から学んだ。
(2) 中国の伝統文化に対してすごく<u>しんきんかん</u>があります。
(3) 家へ帰る<u>とちゅう</u>で雨が降りました。
(4) 日本のアニメは中国の若者にとても<u>にんき</u>がある。
(5) 来週の試合はあまり<u>じしん</u>がないです。
(6) 田中さんは<u>いなか</u>に帰っていますから、来週まで会えません。
(7) リンゴを<u>はんぶん</u>に切って食べた。
(8) この学生寮は電気<u>りょうきん</u>がかからない。
(9) 鈴木さんは教師になって教育現場で<u>かつやく</u>しています。
(10) コンサートは7時からです。まだ<u>ま</u>に<u>あ</u>いますよ。

(1)	(2)
(3)	(4)
(5)	(6)
(7)	(8)
(9)	(10)

3. 从a～d中选择正确答案。

(1) 昔、この町は眼鏡の製造が＿＿＿だった。
　　a. 十分　　b. 喜び　　c. 楽しみ　　d. 盛ん
(2) 今からでも開演に＿＿＿ので、行ってみましょうか。
　　a. 間に合う　b. 役立てる　c. 思い出す　d. 待ち合わせる

(3) 日本に住む中国人は、ここ数年、毎年10万人ずつ____いる。
　　　a. 出て　　　b. 増えて　　　c. 与えて　　　d. 触れて

(4) 車が多いから、道路に____と危ないよ。
　　　a. 接する　　b. 着る　　　c. 呼ぶ　　　d. 飛び出す

(5) バスが来ました。____ください。
　　　a. 気づいて　b. 急いで　　c. 迷って　　d. 消えて

(6) ショッピングセンターは、あの信号を____と2～3分ほどで左手に見えます。
　　　a. やめる　　b. 歩く　　　c. 過ぎる　　d. 走る

(7) これから世界は____どう変わるのでしょう。
　　　a. まったく　b. 特別に　　c. かならず　d. いったい

(8) 食事のとき、好きなものを____食べますか、それとも、あとで食べますか。
　　　a. さきに　　b. うちに　　c. ほかに　　d. さらに

(9) この道を____行くと、公園があります。
　　　a. ますます　b. まっすぐ　c. まったく　d. まじめに

(10) お正月は____休んでください。
　　　a. まったく　b. ゆっくり　c. いったい　d. ますます

4. 将（　）中的词变成适当形式填写在____上。

(1) 先生が何と（言う）_____か覚えていません。

(2) 黒板に字を大きく（書く）_____と後ろの人が困ります。

(3) もう深夜ですから、電話を（かける）_____ほうがいいです。

(4) A：李さん、来ませんね。
　　B：あっ、あの（走ってくる）_____人が李さんじゃないですか。

(5) お父さんが（帰ってくる）_____まで絶対寝ないでね。

(6) 今朝はネットニュースをちゃんと（読む）_____ので、事故のことを知りませんでした。

(7) 明日は（暇だ）_____ので買い物に行きます。

(8) マナさんは芸術学部ですから、絵が（上手だ）_____はずです。

(9) 8時の授業に（間に合う）_____かもしれないから急ぎましょう。

(10) ずっとパソコンで（作業する）_____と目が痛くなります。

(11) 授業に（遅れる）_____のは、バスが故障したからです。

(12) 最近は電子書籍ばかりですから、教科書以外では紙の本を（買う）_____なりました。

第2課　コンサート

5. 下面（　）中填入适当的助词。每个（　）填一个假名。

(1) このボタンを押す（　）DVDが止まります。
(2) タバコは体（　）悪いからやめたほうがいいです。
(3) 歩道橋（　）渡ると、うちの大学が見えます。
(4) A：明日のコンサート、一緒に行きませんか。
　　B：いいですね。どこ（　）待ち合わせましょうか。
(5) 学生が分かる（　）（　）先生は何回も説明しました。
(6) 急用を思い出した（　）（　）ちょっと出かけてきます。
(7) A：王さんはここまで一人（　）来られるでしょうか。
　　B：大丈夫なはずですよ。王さんは前に友達と来たことがありますから。
(8) 家へ帰る途中（　）雨が降りました。
(9) 病院へ行ったのは風邪を引いた（　）（　）です。
(10) あの子はいつもお母さんが帰る（　）（　）外で遊んでいます。
(11) 駐車場の入り口がどこにある（　）分かりません。
(12) 本を見ないで質問（　）答えてください。

6. 从 a～d 中选择正确答案。

(1) ＿＿＿と、勉強に集中できます。
　　a. 静か　　　b. 静かな　　　c. 静かだ　　　d. 静かで
(2) 辞書を＿＿＿、読み方が分かりません。
　　a. 引くと　　b. 引いていると　c. 引いたと　　d. 引かないと
(3) 高橋さんは演劇が好きだから、歌舞伎のことをよく知っている＿＿＿だ。
　　a. こと　　　b. はず　　　　c. もの　　　　d. ところ
(4) この図書館は誰＿＿＿自由に利用できる。
　　a. から　　　b. まで　　　　c. でも　　　　d. だけ
(5) 今日は寒いから遊びに＿＿＿、ネットゲームをします。
　　a. 出かけない　b. 出かけなくて　c. 出かけないで　d. 出かけないに
(6) あんなつまらないことは、＿＿＿ほうがいいと思います。
　　a. 知る　　　b. 知って　　　c. 知り　　　　d. 知らない
(7) 映画が始まる＿＿＿、ずっと携帯でツイッターを見ていました。
　　a. 間　　　　b. 間に　　　　c. まで　　　　d. までに
(8) ちょっと＿＿＿ので、買いませんでした。
　　a. 地味　　　b. 地味な　　　c. 地味だ　　　d. 地味に

(9) A：ああ、暑い。
　　B：そうですね。何か冷たいものでも買って＿＿＿か。
　　　a. 来ましょう　　b. みましょう　　　c. いましょう　　　d. ありましょう
(10) 映画が何時に＿＿＿分かりません。
　　　a. 始まる　　　b. 始まった　　　c. 始まるか　　　d. 始まるかどうか
(11) 長年の夢がようやく努力＿＿＿実現した
　　　a. によって　　b. にとって　　　c. とともに　　　d. について
(12) 市民の声を聞く＿＿＿、市民との対話を重視することも重要だ。
　　　a. を通じて　　b. にとどまらず　　c. 途中で　　　d. 間に

7. 从a～d中选择一个与画线句子意思最相近的句子。

(1) <u>話がおもしろくないと、誰も聞きません。</u>
　　　a. 話がおもしろくないから、誰も聞きませんでした。
　　　b. おもしろいことを話しましたが、誰も聞きませんでした。
　　　c. みんなはおもしろい話しか聞きません。
　　　d. みんなはおもしろい話を聞きたくないです。
(2) <u>子供は大人の半分の料金で映画が見られます。</u>
　　　a. 映画を見る子供は大人より半分多いです。
　　　b. 映画を見る子供は大人より半分少ないです。
　　　c. 映画のチケットの子供料金は、大人の1.5倍です。
　　　d. 映画のチケットの子供料金は、大人の半額です。
(3) <u>正月休みが2日しかないから、高橋さんは帰国しないはずです。</u>
　　　a. 正月には高橋さんは2日に帰国しないだろう。
　　　b. 正月休みが短かったから、高橋さんは帰国しなかった。
　　　c. 2日は休みではないから、高橋さんは帰国しないだろう。
　　　d. 正月休みが2日間だけだから、高橋さんは帰国しないだろう。
(4) <u>そのケーキはどのように作るのか教えてください。</u>
　　　a. そのケーキの食べ方を教えてください。
　　　b. そのケーキの作り方を教えてください。
　　　c. いつそのケーキを作ったか教えてください。
　　　d. どうしてそのケーキを作ったか教えてください。

第2課　コンサート

8. 正确排列 a～d 的顺序，并选择最适合填入 ★ 的部分。

(1) 分からないときは、＿＿＿ ★ 、＿＿＿ ＿＿＿ ください。
　　a. 考えて　　　　b. 聞かないで　　　c. 自分で　　　d. 先生に

(2) 外国のポップカルチャーが中国の若者に ＿＿＿ ＿＿＿ ★ ＿＿＿ があります。
　　a. 影響を　　　　b. 話　　　　　　　c. という　　　d. 与えている

(3) ＿＿＿ ★ ＿＿＿ ＿＿＿ ので、遅れました。
　　a. 事故に　　　　b. あった　　　　　c. 途中で　　　d. 来る

(4) ＿＿＿ ＿＿＿ ＿＿＿ ★ 覚えていません。
　　a. 内容　　　　　b. 映画が　　　　　c. どんな　　　d. だったか

(5) 電気がついているから、王さんは＿＿＿ ＿＿＿ ＿＿＿ ★ です。
　　a. に　　　　　　b. はず　　　　　　c. 部屋　　　　d. いる

(6) パーティーに出たのは、＿＿＿ ★ ＿＿＿ ＿＿＿ 、仕事だったからだ。
　　a. から　　　　　b. では　　　　　　c. 出たい　　　d. なくて

(7) ＿＿＿ ＿＿＿ ＿＿＿ ★ がいいですよ。
　　a. ほう　　　　　b. 早く　　　　　　c. 計画を　　　d. 立てた

(8) ＿＿＿ ＿＿＿ ★ 、レポートが書けません。
　　a. を　　　　　　b. と　　　　　　　c. 決めない　　d. テーマ

(9) ★ ＿＿＿ ＿＿＿ ＿＿＿ 、無料で歌を聞くことができます。
　　a. と　　　　　　b. に　　　　　　　c. 登録する　　d. ここ

(10) 先輩が＿＿＿ ＿＿＿ ＿＿＿ ★ 帰れません。
　　a. 言う　　　　　b. と　　　　　　　c. まで　　　　d. 帰ってもいい

II. 听力

1. 听录音，选择正确答案。

(1) ＿＿＿　(2) ＿＿＿　(3) ＿＿＿　(4) ＿＿＿

2. 听录音，回答下列问题。

李さんは山田さんの家へ向かっている途中です。
(1) 山田さんの家はA～Fのどれですか。
(2) 李さんの見た赤い車がある家はA～Fのどれですか。

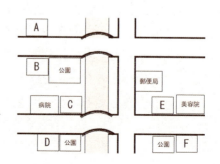

3. 听录音，判断正误。

(   ) (1) 王さんがアルバイトをするのは、いろいろな経験がしたいからです。
(   ) (2) 王さんのアルバイトは中国人に日本語を教えるというものです。
(   ) (3) 鈴木さんは、大学生はアルバイトをたくさんしたほうがいいと思っています。
(   ) (4) 鈴木さんは、王さんはこのアルバイトをしないほうがいいと思っています。

4. 听录音，从 a～c 选项中选择最佳应答。

(1) _____   (2) _____   (3) _____   (4) _____

Ⅲ. 阅读

阅读下列文章，根据内容回答问题。

　　アニメを見ながら気軽に楽しくネイティブの言い回しを学ぶことなどもできるので、私はアニメを使って中国語を勉強しています。

　　アニメは基本的に登場人物同士の会話がメインになるので、普段よく使う自然な表現を効率的に学ぶことができます。机の上での勉強とは違い、発音と文字（字幕）、実際の場面を同時に見ることが出来るので、効率的に覚えられます。

　　それに、アニメの話すスピードは実際に現地で話されている会話のスピードと同じ。中国語を学ぶ私たちにとっては少し速いですが、たくさんアニメを見るうちに耳が慣れて、リスニング力が自然とアップします。市販のテキストの音声は学習者向けにゆっくりしたものが多いので、アニメを見るほうが実践的な力が身に付きます。

　　難しい文法書とは違って、ストーリーがあるアニメの方が気負うことなく楽しめるので、苦労することなく続けられます。何といっても、アニメは基本的に20～30分程度の短いものが多いので、飽きたりすることなく続けられます。

　　中国のアニメに出会えて、本当によかったと思っています。

問題　アニメで中国語を勉強する理由をまとめてください。

第3課 病気

 診察

课前学习

1. 听录音，给汉字注音，并熟读这些单词。

(1) 体　　　　(2) 喉　　　　(3) 熱　　　　(4) 調子
(5) 体温計　　(6) 朝晩　　　(7) 最近　　　(8) 息抜き
(9) 食欲　　　(10) 食前　　　(11) 食後　　　(12) うがい薬
(13) 下がる　　(14) 腫れる　　(15) -計　　　(16) -度
(17) -分　　　(18) -錠　　　(19) -前　　　(20) -後

2. 仔细观察、体会「Nの／Vる前に」「Vたあとで」意义和用法。

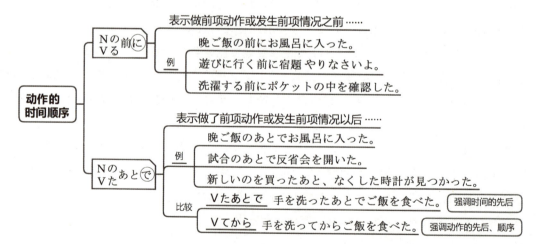

3. 仔细观察、体会「Vるようにする」的意义和用法。

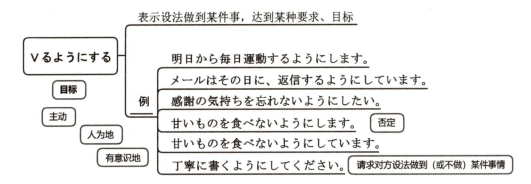

4. 仔细观察、体会「で<时间量的限定>」的意义和用法。

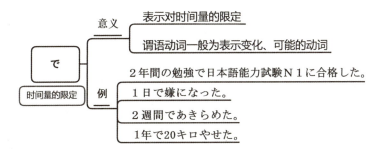

5. 仔细观察、体会「Nの／Vる／Vたとおり」的意义和用法。

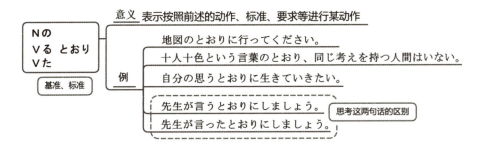

课后学习

1. 记录今天从其他同学那里学到的表达、观点。

_____
_____
_____
_____

第3課　病気

2. 学完第3课第1单元，你能够做以下事情。请完成下列表格。

描述自己的身心状况	
发出指示	

3. 对照本单元的学习目标，检测一下自己是否达标了。

学习目标	例句	达标情况
Vる／Nの前に＜动作的顺序＞		
Vたあとで＜动作的顺序＞		
Vるようにする＜目标＞		
で＜时间量的限定＞		
Nの／Vる／Vたとおり＜基准、标准＞		
それとも＜选择＞		

ユニット2 お見舞い

课前学习

1. 听录音，给汉字注音，并熟读这些单词。

(1) 安心　(2) 具合　(3) お見舞い　(4) 頼む　(5) 冷める

2. 仔细观察、体会「Vてくれる／あげる／もらう」的意义和用法。

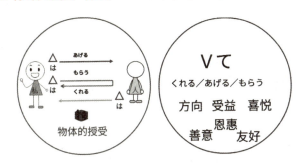

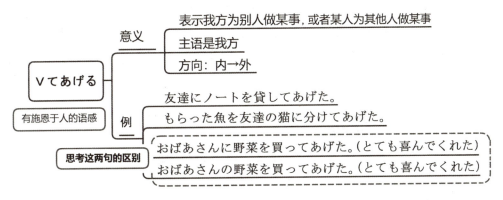

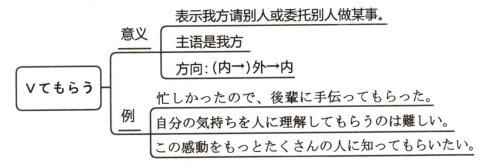

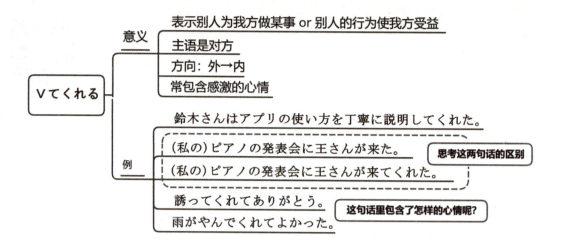

3. 仔细观察、体会「Vたら～た」的意义和用法。

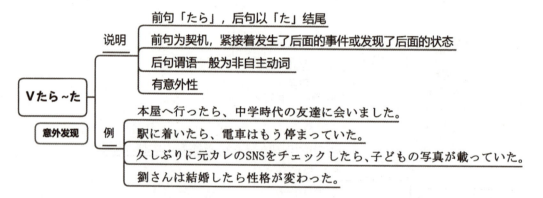

4. 仔细观察、体会「で<原因、理由>」的意义和用法。

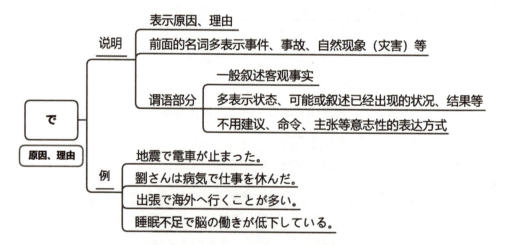

5. 仔细观察、体会动词、形容词第二连用形的意义和用法。

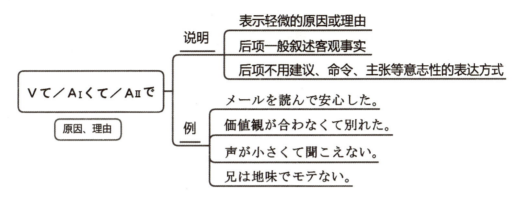

6. 仔细观察、体会「～おかげだ」的意义和用法。

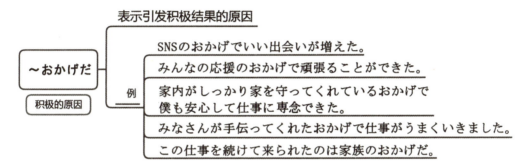

7. 仔细观察、体会「～うちに」的意义和用法。

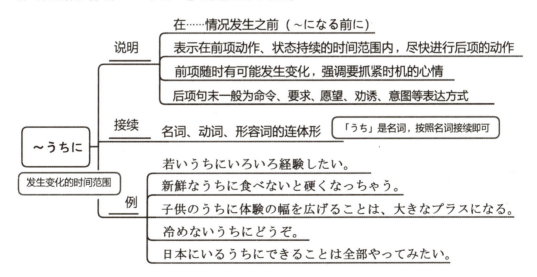

第 3 課　病気

8. 完成下列任务单。

(1)–(7)哪些是你认为大学期间应该做的事情？(8)请你自己加上一条。

大学生のうちにやるべきこと、やってよかったこと	
(1)	インターンシップ
(2)	読書
(3)	バックパッカー
(4)	語学の勉強
(5)	一人暮らし
(6)	サークル
(7)	自動車免許の取得
(8)	

9. 梳理一下你知道的表示感谢的日语。

_____
_____
_____
_____

课后学习

1. 记录今天从其他同学那里学到的表达、观点。

_____
_____
_____
_____

2. 学完第3课第2单元，你能够做以下事情。请完成下列表格。

表示道歉	
解释原因	

3. 对照本单元的学习目标，检测一下自己是否达标了。

学习目标	例句	达标情况
Vてくれる〈动词的受益态〉		
Vてあげる〈动词的受益态〉		
Vてもらう〈动词的受益态〉		
Vたら～た〈确定条件〉		
で〈原因、理由〉		
动词、形容词的第二连用形〈原因、理由〉		
～うちに〈时间范围〉		
～おかげで/～おかげだ〈积极的原因〉		
～と聞く〈间接引语〉		
もう〈加强语义〉		

中国に来てから今まででいちばんうれしかったこと（高橋さんの日記）

课前学习

1. 听录音，给汉字注音，并熟读这些单词。

(1) 涙　　　　(2) 一番　　　　(3) 番組　　　　(4) 今まで
(5) 回復　　　(6) 看病　　　　(7) 退屈　　　　(8) 完全
(9) 寝る　　　(10) 支える　　　(11) 気がつく　　(12) 励ます
(13) 効く　　　(14) 取り戻す　　(15) 温かい

2. 仔细观察、体会「さしあげる／いただく／くださる」的意义和用法。

Step1. 理解日语的敬语

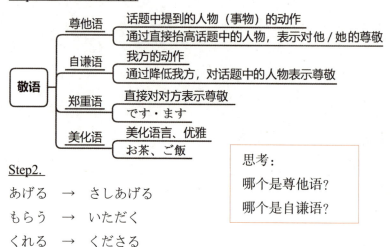

思考：
哪个是尊他语？
哪个是自谦语？

Step2.
あげる　→　さしあげる
もらう　→　いただく
くれる　→　くださる

Step3.

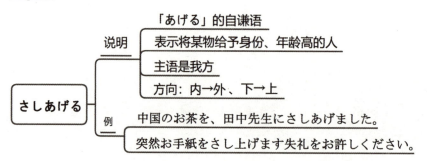

ユニット3　中国に来てから今まででいちばんうれしかったこと（高橋さんの日記）

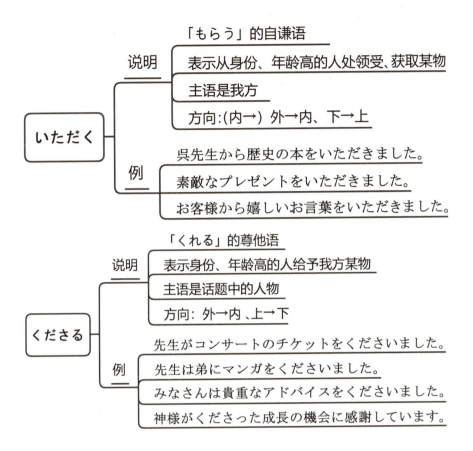

3. 仔细观察、体会「Vてさしあげる／ていただく／てくださる」的意义和用法。

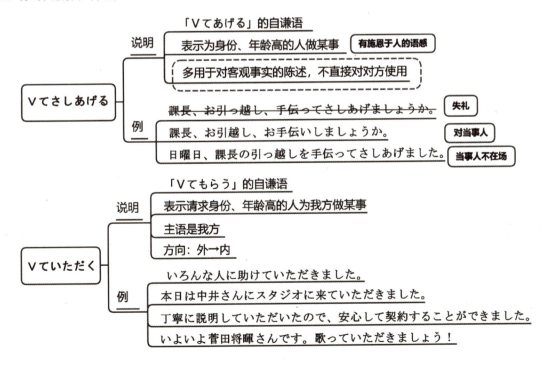

第3課　病気

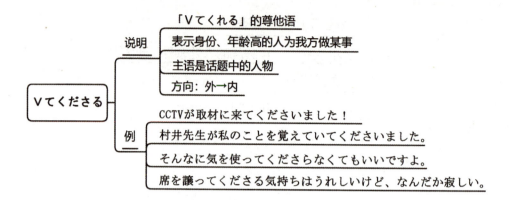

课后学习

1. 记录今天从其他同学那里学到的表达、观点。

_____
_____
_____
_____

2. 学完第3课第3单元，你能够做以下事情。请完成下列表格。

| 对别人的善意表示感激 | |

3. 对照本单元的学习目标，检测一下自己是否达标了。

学习目标	例句	达标情况
くださる／いただく／さしあげる〈授受・敬语〉		
Vてくださる／いただく／さしあげる〈受益・敬语〉		

实力挑战

新来的日本专家身体不适，你带他去校医院看病，请你翻译他与医生的对话。

自我检测

文法リスト

- Vてくれる／あげる／もらう＜动词的受益态＞
- くださる／いただく／さしあげる＜授受・敬语＞
- Vてくださる／ていただく／てさしあげる＜受益・敬语＞
- Vたら～た＜确定条件＞
- Nの／Vる前に＜动作的顺序＞
- Vたあとで＜动作的顺序＞
- ～うちに＜时间范围＞
- Vるようにする＜目标＞
- Nの／Vる／Vたとおり＜基准、标准＞
- ～おかげで／～おかげだ＜积极的原因＞
- 动词、形容词的第二连用形＜原因、理由＞
- で＜原因、理由＞
- で＜时间量的限定＞
- それとも＜选择＞
- ～と聞く＜间接引语＞
- もう＜加强语义＞

単語帳

体　喉　熱　涙　調子　具合　食欲　食前　食後　この間　今まで　一番最近　朝晩
うがい薬　体温計　お見舞い　おかゆ　このまま　おかげ　安心　息抜き　診察
看病　ラッキー　寝る　気がつく　支える　励ます　頼む　冷める　下がる　効く
はれる　とりもどす　つらい　ひどい　温かい　退屈　しみじみ　ずいぶん
ちゃんと　かなり　だいぶ　もう　完全　それに　それとも　ｰ計　ｰ度　ｰ分
ｰ錠　ｰ前　ｰ後

アドバイス　サポート　ファッション　デザート　アイス　プリン　シャワー
コンパ　腕　胸　桜　次　成績　火事　症状　原稿　推薦状　本文　本棚　郵便受け
天ぷら　イワシ　予約　推薦　感謝　返事　徹夜　朗読　講演　育児　受付　両立
回復　中止　子育て
さしあげる　くださる　出かける　助ける　直す　治る　謝る　騒ぐ　組み立てる
浴びる
だるい　重い　豊か　絶対　寝不足

第3課 病気

 Ⅰ. 文字・词汇・语法

1. 写出下列画线部分汉字的正确读音。

(1) 病気なので、食欲がない。
(2) 熱を計ってみました。38度5分でした。
(3) ぼくの息抜きは一人カラオケです。
(4) お見舞いの時、何を持って行ったらいいですか。
(5) 私は基本的に仕事と結婚は両立できない。
(6) 李さんは体の具合が悪いと言って帰りました。
(7) 面白くて涙が出てきた。
(8) 田中さんに頼んで作文を直してもらった。
(9) 悩みを抱える多くの人を励ましてきた名曲。
(10) お茶が冷めるまで待つ。

(1)	(2)
(3)	(4)
(5)	(6)
(7)	(8)
(9)	(10)

2. 将下列画线部分的假名改写成汉字。

(1) 家族の手紙を読んであんしんしました。
(2) 月曜日までにおへんじをください。
(3) 9月になると、あさばんは涼しくなります。
(4) 友達との約束をわすれました。
(5) 趣味はたっきゅうです。
(6) 校長先生のすいせんで入学しました。
(7) 苦しい時家族がささえてくれました。
(8) 私は中学のとき数学のせいせきが悪かった。
(9) マナさんはかぜで学校を休みました。
(10) 看護師の仕事が続けられたのは先輩方がたすけてくれたおかげです。

(1)	(2)
(3)	(4)
(5)	(6)
(7)	(8)
(9)	(10)

3. 从a～d中选择正确答案。

(1) 最近＿＿＿がたまって胃の調子が悪い。
　　a. サービス　　b. ラッキー　　c. ストレス　　d. ファミコン
(2) ときどき＿＿＿をして、「過労死」しないように注意したい。
　　a. 遅れ　　b. 持ち歩き　　c. 取り戻し　　d. 息抜き

(3) 毎晩薬を飲んでも眠れないので____。
　　a. おそい　　　b. つらい　　　c. ひどい　　　d. ちかい
(4) 薬が____、熱が下がりました。
　　a. 助けて　　　b. 動いて　　　c. たまって　　d. 効いて
(5) 飛行機のチケットを旅行会社に____取ってもらった。
　　a. 頼んで　　　b. 計って　　　c. 落として　　d. かけて
(6) 長年苦しんだ頭痛が、漢方で____。
　　a. 診た　　　　b. なおった　　c. もどった　　d. 下がった
(7) まじめな話なんだから、____聞いてくれ。
　　a. かなり　　　b. さらに　　　c. ちゃんと　　d. ずいぶん
(8) 手作りのセーターを____高く売りたい。
　　a. たぶん　　　b. すっかり　　c. まっすぐ　　d. できるだけ
(9) 結婚してから夫婦だけで____食事をしたのはひさしぶりです。
　　a. びっくり　　b. ゆっくり　　c. けっして　　d. まったく
(10) あの人には____2度と会いたくない。
　　a. もう　　　　b. まだ　　　　c. なかなか　　d. きっと
(11) 田中先生の講義は分かりやすいです。____話も面白くて好きです。
　　a. それに　　　b. しかし　　　c. それでは　　d. こうして
(12) 卒業してから就職するか____大学院に進むかまだ決めていない。
　　a. つまり　　　b. それから　　c. それで　　　d. それとも

4. 从a～d中选择正确答案。

(1) レポートを____前に、資料を調べました。
　　a. 書く　　　　b. 書き　　　　c. 書いて　　　d. 書いた
(2) 晩ごはんを____あとで30分ぐらい散歩しました。
　　a. 食べる　　　b. 食べ　　　　c. 食べて　　　d. 食べた
(3) みんなで____とおりに、パーティーを開きました。
　　a. 決める　　　b. 決め　　　　c. 決めて　　　d. 決めた
(4) 北京ではできるだけ生水を____ようにしてください。
　　a. 飲まない　　b. 飲んで　　　c. 飲まないで　d. 飲まなくて
(5) 高橋さんは風邪____学校を休んでいました。
　　a. で　　　　　b. に　　　　　c. が　　　　　d. を

第3課 病気

(6) 荷物が＿＿、1人では運べません。
　　a. 重い　　　　b. 重くて　　　c. 重かった　　　d. 重

(7) 私が困っているとき友達が手伝って＿＿、ほんとうに助かりました。
　　a. あげて　　　b. くれて　　　c. もらって　　　d. いただいて

(8) 傘を持っていなかったので友達に貸して＿＿。
　　a. あげました　b. くれました　c. もらいました　d. くださいました

(9) 縁結びのお守りの＿＿好きな人と結婚できた。
　　a. あとで　　　b. おかげで　　c. つもりで　　　d. とおりで

(10) 知らない＿＿、SNSで個人情報が流出しているかも。
　　a. うちに　　　b. なかに　　　c. 前に　　　　d. あとで

(11) 引っ越し＿＿、断捨離しています。
　　a. ずつ　　　　b. とおりに　　c. のうちに　　　d. のたびに

(12) 肉不足の影響によって、牛丼屋＿＿、焼肉屋などにも値上げの動きが出ている。
　　a. にとって　　b. によって　　c. のおかげで　　d. にとどまらず

5. 在（ ）中填上适当的助词。每个（ ）填一个假名。

(1) おとといから頭が痛くてせき（　）出ます。
(2) これ、近く（　）買ってきたおかゆです。
(3) 体の具合が悪いから医者（　）診てもらわないと。
(4) 大雨（　）午後の試合が中止になった。
(5) 仕事が終わったあと（　）一緒に飲みましょう。
(6) 授業を休む時、必ず電話（　）連絡するようにしてください。
(7) 1日（　）かからないで、この小説を読み終わった。
(8) 雨がまだ降っています。明日の天気が心配（　）なります。
(9) 冗談ですから、気（　）しないでください。
(10) 李さんが泣いているの（　）気がつかなかった。
(11) 先生はみんなが分かる（　）（　）何回も丁寧に説明してくださいました。
(12) マリさんからこのニュースは本当だ（　）聞きました。

6. 将（ ）中的词改成适当的形式填写在＿＿上。

(1) グループ活動ですから、必ず時間を（守る）＿＿＿＿ようにしてください。
(2) この機械が止まるまで（触る）＿＿＿＿ようにしてください。

(3) （泳ぐ）＿＿＿＿あとでシャワーを浴びました。

(4) カメラを（使う）＿＿＿＿前に説明書をよく読んでください。

(5) さっき先生が（説明する）＿＿＿＿とおりに、やってみてください。

(6) 高橋さんは、今自習室で宿題を（する）＿＿＿＿はずです。

(7) 寮は（うるさい）＿＿＿＿勉強ができません。

(8) 論文がうまく（書ける）＿＿＿＿ので悩んでいます。

(9) 先生に漢字の読み方を（教える）＿＿＿＿いただきました。

(10) すぐ（謝る）＿＿＿＿、許してもらえました。

7. 从a～d中选择一个与画线句子意思最相近的句子。

(1) 王さんがコンサートに誘ってくれました。
a. 王さんが友達をコンサートに誘いました。
b. 王さんが私をコンサートに誘いました。
c. 私は王さんをコンサートに誘いました。
d. 友達は王さんをコンサートに誘いました。

(2) 高橋さんがおいしいてんぷらを作ってくれました。
a. 高橋さんはてんぷらを作るのを手伝いました。
b. 高橋さんはおいしいてんぷらを作ってもらいました。
c. 高橋さんはおいしいてんぷらを作りました。
d. 高橋さんが作ってもらったてんぷらはおいしかったです。

(3) 起きていると、つらいでしょう。
a. 寝たとき、つらいでしょう。
b. 起きる前は、つらいでしょう。
c. 起きるとき、つらいでしょう。
d. 寝ていないと、つらいでしょう。

(4) 私は昨日授業を休んだので、友達にノートを見せてもらいました。
a. 私は友達のノートを見ました。
b. 友達は私のノートを見ました。
c. 友達は自分のノートを見ました。
d. 友達はノートを見てくれました。

第3課　病気

Ⅱ. 听力

1. 听录音，选择正确答案。

(1) ＿＿＿ (2) ＿＿＿ (3) ＿＿＿ (4) ＿＿＿

2. 听录音，选择正确答案。从a～d中选择符合录音内容的答案。

(1) ＿＿＿ (2) ＿＿＿ (3) ＿＿＿ (4) ＿＿＿

　a　　　　　b　　　　　c　　　　　d

3. 听录音，判断正误。

(　) (1) かばんを持ったのは張さんです。
(　) (2) レストランを教えたのは陳さんです。
(　) (3) 空港まで迎えに行ったのは私です。
(　) (4) 小説を貸したのは渡辺さんです。
(　) (5) 手紙を書いたのは李さんです。
(　) (6) 電話番号を教えたのは鈴木さんです。

4. 听录音，选择最佳应答。

(1) ＿＿＿ (2) ＿＿＿ (3) ＿＿＿ (4) ＿＿＿

Ⅲ. 阅读

阅读下列文章，根据内容回答问题。

部屋を貸します！

　　今のルームメイトが3月に引っ越しをするので、4月1日から住める人を探しています。部屋は2つ空いてます。洋室が1ヶ月4万円、和室が1ヶ月3万5千円です。それぞれの部屋のドアには鍵もあります。また、部屋ではインターネットもできます。もっと詳しく知りたい人、見学したい人は、管理人にお問い合わせください（木村abc@de.com）。

外国の方も歓迎します。

場所：東京都東西区北山１―２―３

　　　　（北山駅から歩いて５分、近くにスーパーがあります。）

現在のルームメート：20代女性（日本人、中国語が少しできます。）

　　　　　　　　　　30代女性（中国人、日本語が上手です。）

部屋の広さ：約20㎡（洋室）、約18㎡（和室）

インターネット（3,000円/月）

◆ 前のルームメートが使っていたベッドと机はそのまま使用できます。冷蔵庫とテレビは共用です。

問題

(1) 木村さんが部屋を貸すのはなぜですか。

　　a. 4月に引越しをしようと考えているから

　　b. 外国人に部屋を貸して外国語を勉強したいから

　　c. 部屋に使っていないベッドと机があるから

　　d. 今住んでいる人が部屋を出るから

(2) 文章の内容に合っているものはどれですか。

　　a. この部屋はスーパーから歩いて５分なので、買い物に便利です。

　　b. 中国人しかこの部屋を借りることはできません。

　　c. 自分の部屋でテレビを見ることができます。

　　d. 前に住んでいた人のベッドや机が使えます。

文法のまとめ（第1—3課）

语法项目	例句
で〈原因、理由〉	地震で電車が止まった。
で〈时间量的限定〉	1日で嫌になった。
〜ので〈原因、理由〉	寒いので窓を閉めた。
だけ＋格助词〈限定〉	牛乳だけでおなかがいっぱいになる。
（数量词）ほど〈概数〉	りんごを5つほどください。
〜と〈条件〉	春になると、花が咲く。
〜ないと〜ない〈否定性条件〉	安くないと、売れない。
Vないで〈动作的否定〉	一人で悩まないで、誰かに相談してください。
A₁く〈并列〉	娘は明るく素直な子に成長した。
动词、形容词的第二连用形〈原因、理由〉	メールを読んで安心した。 声が小さくて聞こえない。 兄は地味でモテない。
Vている（4）〈状態〉	王さんはお父さんに似ている。
Vて来る／Vて行く〈主体的移动〉	何か飲み物を買って来ましょうか。 何か飲み物を買って行きましょうか。
Vてくる／Vていく〈动作、变化的持续〉	寒くなってきましたね。 これから、どんどん寒くなっていく。
Vてくれる／あげる／もらう〈动词的受益态〉	友達にノートを貸してあげた。 忙しかったので、後輩に手伝ってもらった。 誘ってくれて、ありがとう。
Vてくださる／いただく／さしあげる〈受益・敬语〉	（课长不在场）課長の引っ越しを手伝ってさしあげました。 いろいろな人に助けていただきました。 村井先生が私のことを覚えてくださいました。
くださる／いただく／さしあげる〈授受・敬语〉	中国のお茶を田中先生にさしあげました。 お客様からうれしいお言葉をいただきました。 みなさんは貴重なアドバイスをくださいました。
Vてから〈先后顺序〉	説明を聞いてから決める。

续表

语法项目	例句
Nの／Vているあいだ〈时段〉	母が料理をしているあいだ、父はずっとテレビを見ていた。
Nの／Vているあいだに〈时点〉	母が料理をしているあいだに、父は部屋の掃除をした。
Vる／Nの前に〈动作的顺序〉	ご飯を食べる前に手を洗う。
Vたあとで〈动作的顺序〉	ご飯を食べたあとで手を洗う。
Vるまで〈状态持续的终点〉	王さんが来るまで待ちましょう。
Nの／Vるたびに〈同一情况的反复〉	人は失恋するたびに成長していく。
Nの／Vる途中で〈动作进行中〉	駅へ行く途中で、渡辺さんに会いました。
〜うちに〈时间范围〉	調べているうちにここまでたどり着いた。
Vたら〜た〈确定条件〉	駅に着いたら、電車はもう停まっていた。
Vるようにする〈目标〉	明日から毎日運動するようにします。
〜のは、(〜からではなくて)〜からだ〈原因、理由〉	緊張しているのは自信がないからだ。
〜おかげで／〜おかげだ〈积极的原因〉	SNSのおかげでいい出会いが増えた。
Nにより／Nによって〈原因〉	人生は出会いによって決まる。
Nによって（違う）〈基准〉	幸せの定義は人によって違う。
Nにとって〈评价的立场、角度〉	大学生にとってインターンシップは重要だ。
Vてよかった〈积极评价〉	日本語を勉強してよかった。
Vた／Vないほうがいい〈建议、忠告〉	危ないから、やめたほうがいい。
〜はずだ〈判断、估计〉	必ず来るって言ってたから、来るはずですよ。
〜かもしれない〈推测、委婉的断定〉	高橋さんは自習室にいるかもしれない。 お見舞いに行ったほうがいいかもしれない。
Nの／Vる／Vたとおり〈基准、标准〉	自分の思うとおりに生きていきたい。
N／Vるにとどまらず〈非限定〉	中国にとどまらず、海外でも大人気だ。
Vるべきだ〈义务〉	約束は守るべきだ。
Nらしい／らしさ〈风格、特征〉	礼儀正しくて、王さんらしいですね。
Nがする〈感受〉	今日はいいことがある気がする。
Nをしている〈呈现状态〉	彼氏はやさしい声をしている。
〜(と)は〜のことだ〈定义〉	IoTとはモノのインターネットのことだ。
〜となる〈变化的结果〉	コロナ禍で大会が中止となった。
V方〈方法〉	ギョーザの作り方は家庭によって違う。

文法のまとめ（第1—3課）

续表

语法项目	例句
Vやすい／Vにくい〈难易〉	このアプリは使いやすい。 言いにくいことをはっきり言う人が成功する。
〜というN〈内容〉	ドラえもんというアニメは中国でも人気がある。
〜と聞く〈间接引语〉	李さんは来年日本に行くと聞きましたが、本当ですか。
どうやって〜んですか〈询问方式〉	ギョーザはどうやって作るんですか。
それとも〈选择〉	デザートはアイスがいいですか、それともプリンがいいですか。
もう〈加强语义〉	もう休憩するんですか。練習を始めてから、まだ15分ですよ。

第4課　環境問題

 報道番組の環境問題特集

课前学习

1. 听录音，给汉字注音，并熟读这些单词。

(1) 環境　　(2) 傾向　　(3) 効果　　(4) 対策　　(5) 政府
(6) 政策　　(7) 映像　　(8) 特集　　(9) 地球　　(10) 植物
(11) 森林　　(12) 草原　　(13) 高原　　(14) 砂漠　　(15) 強風
(16) 春先　　(17) 黄砂　　(18) 砂嵐　　(19) 自宅　　(20) 大型
(21) 近年　　(22) 用事　　(23) 一国　　(24) 北西部　　(25) 取り組み
(26) ご存じ　　(27) 報道　　(28) 進行　　(29) 実施　　(30) 減少
(31) 変化　　(32) 観測　　(33) 植林　　(34) 緑化　　(35) 温暖化
(36) 外出　　(37) 進める　　(38) 起こる　　(39) 起こす　　(40) 育つ
(41) 努める　　(42) 吹く　　(43) 強い　　(44) 積極的　　(45) まっ黄色
(46) 内モンゴル

2. 仔细观察、体会「Vてみる」的意义和用法。

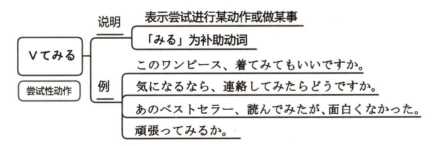

3. 仔细观察、体会让步条件的意义和用法。

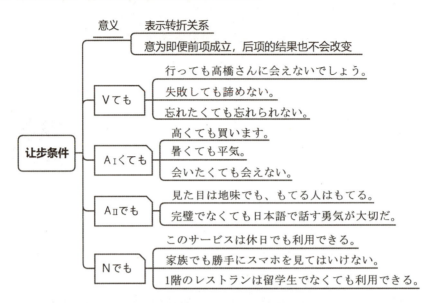

4. 仔细观察、体会「Nとして」的意义和用法。

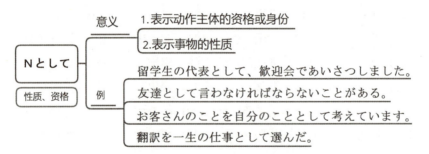

5. 仔细观察、体会「Nに対して／N₁に対するN₂」的意义和用法。

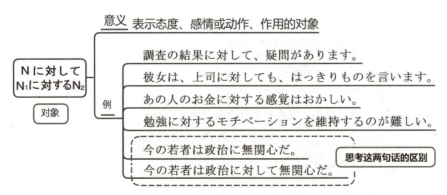

6. 仔细观察、体会「V（よ）うか」的意义和用法。

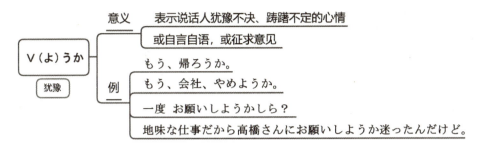

7. 仔细观察、体会「Nにある」的意义和用法。

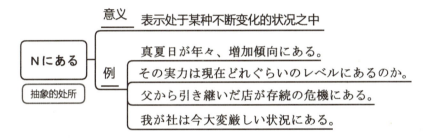

课后学习

1. 记录今天从其他同学那里学到的表达、观点。

_____
_____
_____
_____

2. 学完第4课第1单元，你能够做以下事情。请完成下列表格。

简单地谈论地球变暖等环境相关的话题	
理解关系亲近者之间的谈话	

第4課　環境問題

3. 对照本单元的学习目标，检测一下自己是否达标了。

学习目标	例句	达标情况
Vてみる〈尝试性的动作〉		
〜ても〈让步条件〉		
Nとして〈性质、资格〉		
Nに対して／N₁に対するN₂〈对象〉		
V（よ）うか〈犹豫〉		
Nにある〈抽象的处所〉		
日语简体会话的特点（1）		

ユニット2 家族からの電話

课前学习

 1. 听录音，给汉字注音，并熟读这些单词。

（1）晴れ　　（2）一度　　（3）通話　　（4）映る　　（5）巻く　　（6）霞む

2. 仔细观察、体会动词、形容词的条件形的意义和用法。

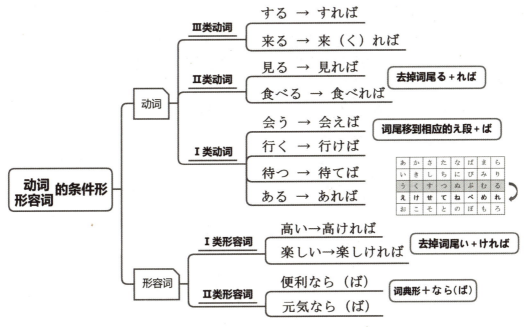

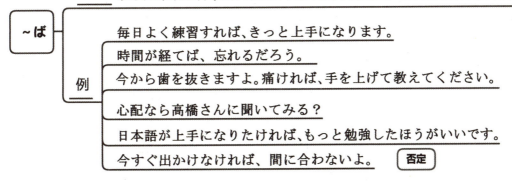

第4課　環境問題

3. 仔细观察、体会「～なら（ば）」的意义和用法。

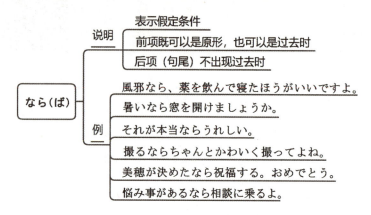

4. 仔细观察、体会「～たら」的意义和用法。

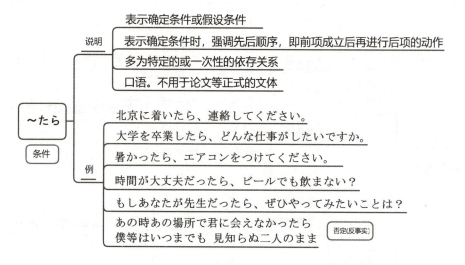

5. 仔细观察、体会「Ｖて／Ｖないで」的意义和用法。

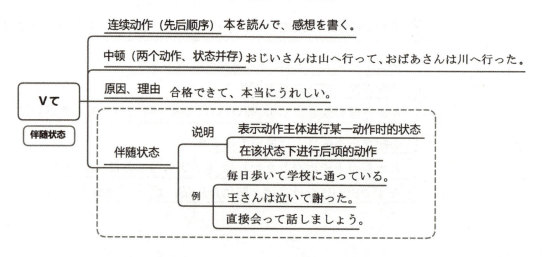

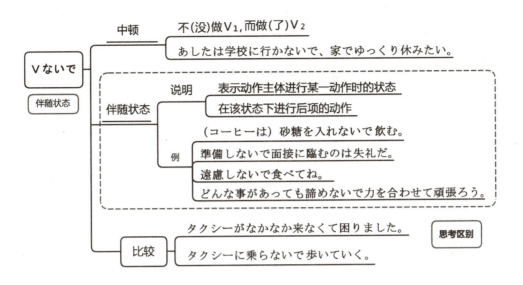

6. 仔细观察、体会「Nでも」的意义和用法。

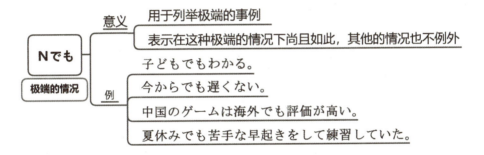

7. 仔细观察、体会「～し～（し）」的意义和用法。

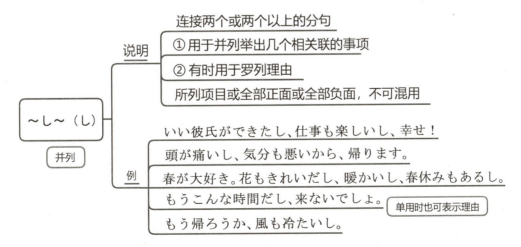

第4課　環境問題

8. 仔细观察、体会「～んじゃない（の）か／～のではないか（と思う）」的意义和用法。

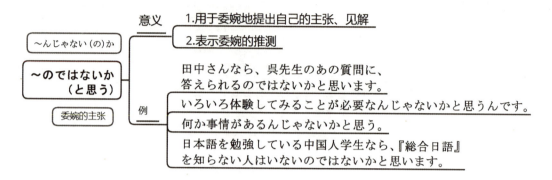

课后学习

1. 记录今天从其他同学那里学到的表达、观点。

_____
_____
_____
_____

2. 学完第4课第2单元，你能够做以下事情。请完成下列表格。

能描述自己的经历	
能发表自己的意见与观点	

3. 对照本单元的学习目标，检测一下自己是否达标了。

学习目标	例句	达标情况
动词、形容词的条件形		
～たら〈确定条件、假设条件〉		
Vて／Vないで〈伴随状态〉		
Nでも〈极端的情况〉		
～し～（し）〈并列〉		
～んじゃない（の）か／～のではないか（と思う）〈委婉的主张〉		
日语简体会话的特点（2）		

緑の奇跡 - 塞罕壩（『遣唐使』への投書）

课前学习

1. 听录音，给汉字注音，并熟读这些单词。

(1) 緑　　(2) 太陽　　(3) 空気　　(4) 草木　　(5) 奇跡
(6) 砂　　(7) 地区　　(8) 最大　　(9) 残り　　(10) 総面積
(11) 意志　(12) 課題　　(13) 一員　　(14) 造林　　(15) 可能性
(16) 持続　(17) 配慮　　(18) 導入　　(19) 行動　　(20) 投書
(21) 深呼吸　(22) 生きる　(23) 慣れる　(24) 輝く　　(25) 築く
(26) 襲う　(27) 渦巻く　(28) 思わず　(29) 西北　　(30) 華北

2. 仔细观察、体会「のに」的意义和用法。

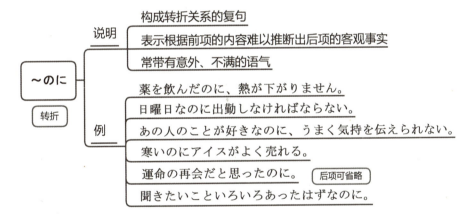

3. 仔细观察、体会「Ｖていられない」的意义和用法。

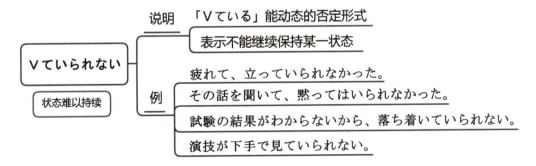

4. 这个单元我们将学习关于塞罕坝的绿化问题，去中文网站查查相关信息吧。

课后学习

1. 记录今天从其他同学那里学到的表达、观点。

2. 学完第4课第3单元，你能够做以下事情。请完成下列表格。

| 能够就环保问题说明自己的观点 | |

3. 对照本单元的学习目标，检测一下自己是否达标了。

学习目标	例句	达标情况
～のに〈转折〉		
Vていられない〈状态难以持续〉		

##

🎧 回答录音中的问题。

自我检测

文法リスト

- 动词、形容词的条件形
- ～たら〈确定条件、假设条件〉
- Ｖてみる〈尝试性的动作〉
- ～ても〈让步条件〉
- ～のに〈转折〉
- Ｎでも〈极端的情况〉
- Ｖて／Ｖないで〈伴随状态〉
- ～し～（し）〈并列〉
- Ｖ（よ）うか〈犹豫〉
- Ｎとして〈性质、资格〉
- Ｎに対して／Ｎに対する〈对象〉
- Ｎにある〈抽象的处所〉
- Ｖていられない〈状态难以持续〉
- ～んじゃない（の）か／～のではないか（と思う）〈委婉的主张〉
- 日语简体会话的特点（1）（2）

単語帳

イベント　マスク　ワールド　キャスター　クローズアップ　サングラス　ドア　スポーツマンシップ　パラリンピック　ムー

環境　傾向　効果　対策　意志　課題　大型　地球　緑　奇跡　太陽　空気　草原　草木　森林　植物　高原　強風　黄砂　砂　砂嵐　政府　政策　映像　特集　自宅　砂漠化　春先　北西部　近年　用事　一国　取り組み　地区　最大　総面積　残り　造林　一員　可能性　晴れ　一度　ご存じ　きっかけ　こっち　まっ黄色　西北　華北　内モンゴル　数-　変化　温暖化　減少　配慮　持続　報道　進行　実施　植林　緑化　通話　導入　行動　投書　深呼吸　呼吸　観測　外出　生きる　慣れる　進める　起こる　起こす　育つ　努める　かける　吹く　巻く　築く　輝く　渦巻く　映る　霞む　襲う　強い　積極的　思わず　なるべく　ぼんやり　あらためて　だめ　なんと

カルチャーショック　シャツ　ボールペン　スモッグ　コップ
交通　品物　砂糖　屋上　席順　全員　被害　原因　出会い　体験記　予報　実現　化粧
あげる　生まれ　変わる　落ち着く　決まる　閉める　鳴らす
昆明

第4課　環境問題

 Ⅰ. 文字・词汇・语法

1. 写出下列画线部分汉字的正确读音。

(1) 緑がいっぱいで、気持ちいい。
(2) 日本語の「健康」は文字どおりの意味です。
(3) この写真は最近ネットで話題になっている。
(4) 春風にで砂嵐が発生した。
(5) 一人で砂漠を越えるのは危ない。
(6) 地球温暖化によって環境が悪くなった。
(7) 事故を起こさないようにいろいろな対策をしている。
(8) 骨髄バンクをご存知ですか。
(9) 2011年未曾有の大災害が宮城県を襲った。
(10) 政府は、コロナのまん延防止に努めている。

(1)	(2)
(3)	(4)
(5)	(6)
(7)	(8)
(9)	(10)

2. 将下列画线部分的假名改写成汉字。

(1) ホントに好きな人と出会えたらそれだけできせきだよ。
(2) 都会では車が多すぎてこうつう事故が多くなった。
(3) 世界人口がげんしょうに転じる時代がやってくる。
(4) 日本の国土めんせきは約37万8000平方kmです。
(5) よごれたところをきれいにしてください。
(6) ドアをしめたりあけたりしないでください。
(7) これは環境にはいりょした新しい洗濯用洗剤です。
(8) 自己肯定感が低い人は他人の目線を気にするけいこうがある。
(9) 最近の若者にはゆめがない。
(10) 少年の目がかがやいていました。

(1)	(2)
(3)	(4)
(5)	(6)
(7)	(8)
(9)	(10)

3. 从 a～d 中选择正确答案。

(1) 就職活動では先生からいろいろと貴重な＿＿＿をいただきました。
　　a. ワールド　　b. スモッグ　　c. アドバイス　　d. キャスター
(2) 毎月3、4回、午前中に近所の病院で＿＿＿をしています。
　　a. マスク　　b. スカーフ　　c. ブーム　　d. ボランティア

(3) 平成元年日本は初めて消費税を____した。
   a. 導入　　　b. 進行　　　c. 実演　　　d. 持続

(4) CO_2排出量実質ゼロという目標を掲げ、本格的な____を進めてきた。
   a. 課題　　　b. 変化　　　c. 実現　　　d. 取り組み

(5) 先輩の成功を見て、____頑張らなきゃって思いました。
   a. なんと　　b. ぼんやり　c. あらためて　d. なるべく

(6) 漢方薬のおかげで体の調子は____よくなった。
   a. まっすぐ　b. だいぶ　　c. いったい　　d. できるだけ

(7) 経済成長に伴い、環境問題が____になっている。
   a. 直接　　　b. 活発　　　c. 深刻　　　d. 丁寧

(8) 今日は朝から____雨です。
   a. つらい　　b. だるい　　c. わかい　　d. ひどい

(9) 引越しをしてから10日が経ち、やっと____きました。
   a. かぶって　b. 鳴らして　c. 締めて　　d. 落ち着いて

(10) 朝から空一面が黄色くなり、今年に____最大の黄砂となった。
   a. 入って　　b. 干して　　c. 押して　　d. 及んで

4. 在（　）中填上适当的助词。每个（　）填一个假名。

(1) 地図アプリを使っていた（　）（　）道を間違えました。

(2) 日本の生活（　）慣れましたか。

(3) 恋人（　）（　）プレゼントですから、手作りのほうがいいです。

(4) この通学路は狭いので、日曜日（　）（　）混んでいます。

(5) 日本（　）留学する学生が年々増えています。

(6) 「竹取物語」（　）似た昔話が中国にもある。

(7) 文化の違い（　）よって起こる誤解が多いです。

(8) 地球は危機的な状況（　）あるといえるかもしれません。

(9) 卒業してから日本語と関係（　）ある仕事がしたい。

(10) この魚は新鮮だから生（　）（　）食べられます。

5. 完成下列句子。

(1) 花が散らないうちに_____。

(2) 先生に聞いたり辞書を引いたりしても_____。

第4課　環境問題

(3) お金があっても時間がなければ_____。

(4) この辞書は必要ですから、高くても_____。

(5) そのスポーツは若者だけではなく_____。

(6) 約束をしたのに_____。

(7) 火事や地震が起きたら_____。

(8) よく勉強すれば_____。

(9) 私は趣味として_____。

(10) インターネットの利用によって_____。

6. 从a～d中选择正确答案。

(1) 仕事が____飲みに行こうぜ。
　　a. 終わって　　b. 終わると　　c. 終わったら　　d. 終わっても

(2) 気になるなら、連絡して____どうですか。
　　a. いったら　　b. あったら　　c. くれたら　　d. みたら

(3) 自分が____謝るっておかしくない？
　　a. 悪くて　　b. 悪くても　　c. 悪くないと　　d. 悪くなくても

(4) 今度は仕事ではなく、観光客____ハワイへ行ってみたい。
　　a. として　　b. に対して　　c. によって　　d. のおかげで

(5) 彼女は、上司____、はっきりものを言います。
　　a. によって　　b. とともに　　c. に対しても　　d. のとおりに

(6) 新型コロナウイルスの感染拡大により困難な状況____人が少なくない。
　　a. ある　　b. にある　　c. とある　　d. もある

(7) もうこんな時間____、来ないでしょ。
　　a. し　　b. だし　　c. のし　　d. なし

(8) あんなに頑張ったのに、____。
　　a. 合格した　　　　　　b. 合格してよかった
　　c. 合格するしかない　　d. 合格できなかった

(9) 期末テストのことを考えると、のんびり____。
　　a. してもいい　　　　　b. しようか
　　c. していられない　　　d. したらどうですか

(10) コピーの字が____このボタンを押してください。
　　a. 薄れば　　b. 薄くれば　　c. 薄ければ　　d. 薄これば

7. 从 a～d 中选择一个与画线句子意思最相近的句子。

(1) <u>友達がアメリカに留学しているうちに、遊びに行きたい。</u>
  a. アメリカに留学している友達は遊びに行きたいと言っている。
  b. 私はアメリカに留学している友達のところへ遊びに行きたい。
  c. 友達はアメリカに留学している友達のところへ遊びに行きたいと言っている。
  d. 友達はアメリカに留学している私のところへ遊びに来たいと言っている。

(2) <u>今必要だから、高くても買います。</u>
  a. 今必要だから、高ければ買います。
  b. 今必要だから、高いですが買います。
  c. 今必要だから、高いほうを買います。
  d. 今必要だから、高くなければ買います。

(3) <u>努力によって夢が実現した。</u>
  a. 努力することは夢です。
  b. 努力すれば夢は実現する。
  c. 努力するという夢が実現した。
  d. 夢が実現できたのは努力したからだ。

(4) <u>試験の結果がわからなくて、落ち着いていられなかった。</u>
  a. 試験の結果がが悪いから、こわい。
  b. 試験の結果が悪いから、恥ずかしい。
  c. 試験の結果がわからないので、とても不安だ。
  d. 試験の結果がわからないのは、ありがたいことだ。

8. 正确排列 a～d 的顺序，并选择最适合填入 ★ 的部分。

(1) 人生は____ ____ ★ ____。
  a. よって b. に c. 決まる d. 出会い

(2) ____ ____ ____ ★ がなかった。
  a. ゆっくり b. 時間 c. 話せる d. 家族と

(3) ____ ____ 、★ ____。
  a. 薬を b. 熱が c. 下がる d. 飲めば

(4) 空港に着くと____ ____ ★ ____。
  a. 親が b. 迎えに c. いた d. 来てくれて

(5) 仕事をやめたら____ ____ ★ ____。
  a. お金が b. 困った c. 生活に d. なくて

第4課　環境問題

(6) 日本の援助によって＿＿＿　＿＿＿　＿＿＿　★　。
　　a. 制作が　　　b. ドラマの　　　c. 終わった　　　d. 無事に

(7) 南の地方は、今回の＿＿＿　＿＿＿　＿＿＿　★　を受けた。
　　a. 被害　　　b. 台風　　　c. 大きな　　　d. によって

(8) ＿＿＿　★　＿＿＿、＿＿＿教師として少し話したい。
　　a. 親　　　b. として　　　c. ではなく　　　d. 今日は

(9) ＿＿＿　＿＿＿　★　、＿＿＿ほうがいいですよ。
　　a. が　　　b. 食欲　　　c. なくても　　　d. 食べた

(10) ★　＿＿＿　＿＿＿　＿＿＿意味です。
　　a. 1年の終わり　　b. 年の暮れ　　　c. とは　　　d. という

II. 听力

1. 听录音，选择正确答案。

(1) ＿＿＿　(2) ＿＿＿　(3) ＿＿＿

2. 听录音，从 a～e 中选择与会话内容有关的答案。

(1) ＿＿＿　(2) ＿＿＿　(3) ＿＿＿　(4) ＿＿＿　(5) ＿＿＿

a　　　b　　　c　　　d　　　e

3. 听录音，从 a～c 选项中选择最佳应答。

(1) ＿＿＿　(2) ＿＿＿　(3) ＿＿＿　(4) ＿＿＿

III. 阅读

阅读下列文章，根据内容回答问题。

○○の作り方

① まず、みじん切りにした玉ねぎとハムを炒めます。
② 玉ねぎとハムの色が変わったら、ご飯を加えます。ご飯は、なるべく温かいものを

使ってください。簡単に混ぜることができます。

③ 玉ねぎとハムとご飯をよく混ぜたら、ケチャップを入れてさらに炒めます。ケチャップを入れた後は、短い時間で炒めて取り出します。

④ 次に卵を焼きます。卵を割ってかきまぜてから30秒だけ焼いて、火を止めます。そして、そのまま少し待ちます。卵はあまりたくさん使わないようにしてください。

⑤ ③で炒めたご飯を④で焼いた卵で包みます。

※ この料理はとてもおいしいですし、作り方も簡単です。みなさんもぜひ作ってみてください。

問題
(1) どの料理の作り方の説明ですか。下のa～dのイラストから一つ選びなさい。

　　　　a　　　　　　　　b　　　　　　　　c　　　　　　　　d

(2) 次のa～dの中から、正しいものを選びなさい。

　　a　ご飯を炒めるときは、温かいご飯を使ったほうがいい。

　　b　玉ねぎとハムとご飯は最初から一緒に炒める。

　　c　ケチャップを入れた後は、しっかりと炒めなければならない。

　　d　卵を30秒焼いてから、すぐにご飯を包む。

第5課　遠足

 遠足の計画

课前学习

1. 听录音，给汉字注音，并熟读这些单词。

   (1) 遠足　　(2) 都合　　(3) 丸一日　　(4) 伺う　　(5) 香山

2. 仔细观察、体会敬语的功能和分类。

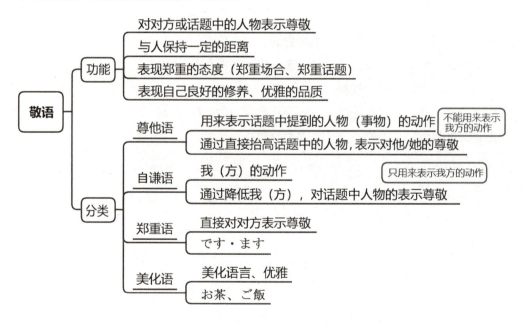

3. 仔细观察、体会尊他语的功能和分类。

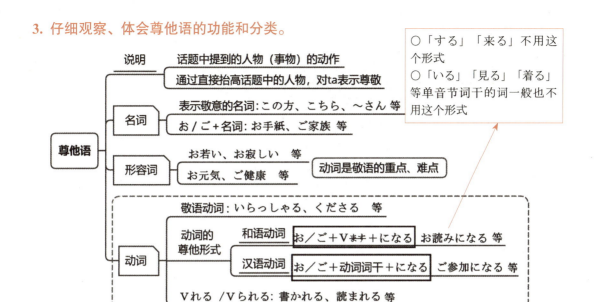

表示尊他的动词：

尊他语	基本型
いらっしゃる	行く・来る・いる
おいでになる	行く・来る・いる
おっしゃる	言う
召（め）し上（あ）がる	食べる・飲む
ご覧（らん）になる	見る・読む
なさる	する
くださる	くれる

尊他语是表示别人的动作哦

把下面的句子改成尊他语。
(1) 古屋先生は明日大学に来ます。
(2) 遠藤先生はよく中国の新聞を読みます。
(3) どうぞ、食べてください。
(4) あの時先生が言ったこと、今でも覚えています。
(5) これは山田先生が書いた日本語文法の本です。
(6) 陳先生は実家へ帰りました。

第 5 課　遠足

4. 仔细观察、体会自谦语的功能和分类。

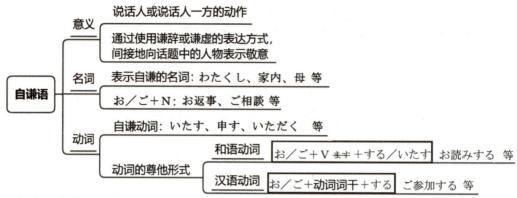

表示自谦的动词

自谦语	基本型
参（まい）る	行く・来る
いたす	する
おる	いる
申す	言う
いただく	食べる・飲む・もらう
拝見する	見る
伺う	聞く・たずねる・訪問する
お目にかかる	会う
存ずる／存じる	知る・思う

把下面的句子改成自谦语。
（1）李と言います。よろしくお願いします。
（2）もうたくさん食べました。
（3）先生に会うことができて、とてもうれしく思います。
（4）じゃ、3時にロビーで待ちます。
（5）案内します。どうぞこちらへ。

思考：以下两组对话有什么不同，原因是什么？
会社で、社外からの電話
（1）　鈴木部長はいらっしゃいますか。
　　　鈴木は今、席を外しております。

(2) 📱鈴木部長、お願いします。

　　🧑部長は今会議中ですが、すぐお戻りになると思います。

5. 仔細观察、体会「Ｎから」的意义和用法。

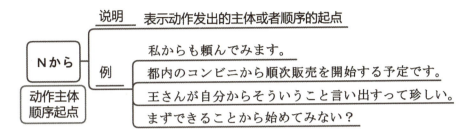

6. 仔細观察、体会「って」的意义和用法。

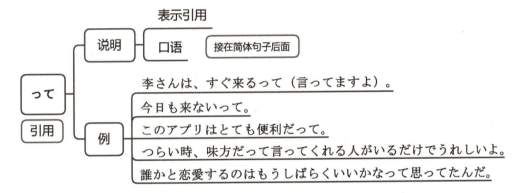

7. 仔細观察、体会「～場合は」的意义和用法。

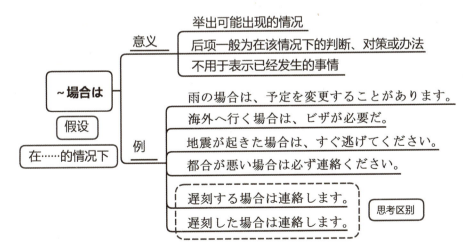

第5課　遠足

课后学习

1. 记录今天从其他同学那里学到的表达、观点。

_____
_____
_____
_____

2. 学完第5课第1单元，你能够做以下事情。请完成下列表格。

得体地与上级、长辈谈话	
得体地向上级、长辈发出邀请、提出请求	

3. 对照本单元的学习目标，检测一下自己是否达标了。

学习目标	例句	达标情况
敬语(1)		
Nから〈动作主体、顺序起点〉		
って〈引用〉		
～場合は〈假设〉		
Vたらどうですか〈建议〉		
～と言っていた〈转述〉		

ユニット2 <u>遠足の日</u>

课前学习

1. 听录音，给汉字注音，并熟读这些单词。

(1) 選手　(2) 頃　(3) 身軽　(4) 見つける

2. 仔细观察、体会形容词尊他语的意义和用法。

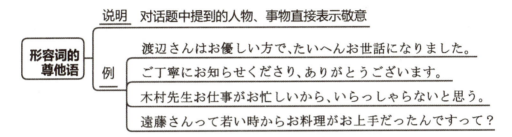

3. 仔细观察、体会「Ｖてしまう」的意义和用法。

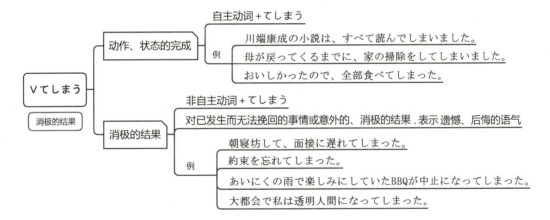

4. 仔细观察、体会「〜くらい」的意义和用法。

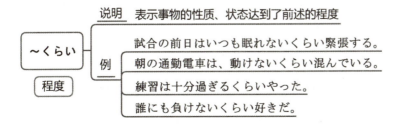

第5課　遠足

5. 仔细观察、体会「Vてくださいませんか」的意义和用法。

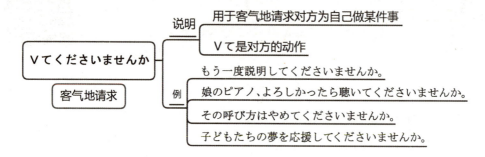

课后学习

1. 记录今天从其他同学那里学到的表达、观点。

_____
_____
_____
_____

2. 学完第5课第2单元，你能够做以下事情。请完成下列表格。

谈论理想	
谈论契机	

3. 对照本单元的学习目标，检测一下自己是否达标了。

学习目标	例句	达标情况
敬语（2）（形容词尊他语）		
Ｖてしまう〈消极的结果〉		
～くらい〈程度〉		
Ｖてくださいませんか〈客气地请求〉		

ユニット3　お礼の手紙：先生へ

课前学习

 1. 听录音，给汉字注音，并熟读这些单词。

(1) 青空　　(2) 頂上　　(3) 先日　　(4) お礼
(5) 機会　　(6) ご覧　　(7) 澄む　　(8) 食べすぎる

2. 仔细观察、体会「Nのようだ」的意义和用法。

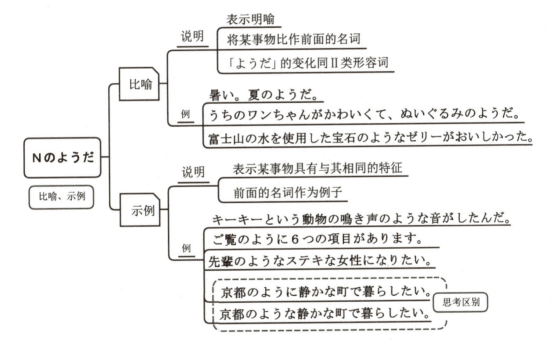

3. 仔细观察、体会「～そうだ」的意义和用法。

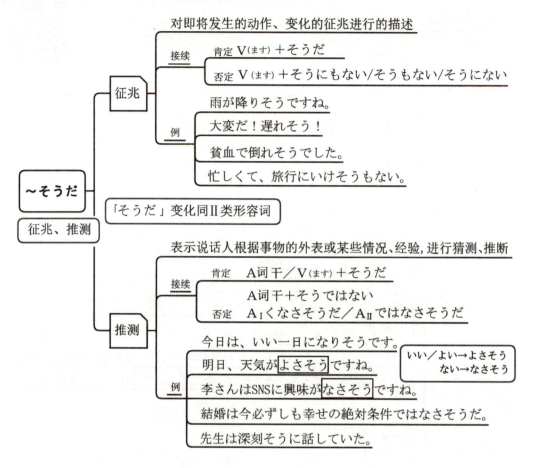

4. 仔细观察、体会「Ｖております」的意义和用法。

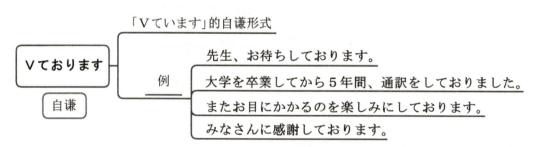

ユニット3　お礼の手紙：先生へ

课后学习

1. 记录今天从其他同学那里学到的表达、观点。

_____
_____
_____
_____

2. 学完第5课第3单元，你能够做以下事情。请完成下列表格。

通过比喻、举例，描述对某个事物的印象。	
叙述根据观察做出的判断、预测等。	
给长辈或上级写感谢信。	

3. 对照本单元的学习目标，检测一下自己是否达标了。

学习目标	例句	达标情况
Nのようだ〈比喻、示例〉		
～そうだ〈征兆、推测〉		
Vております〈自谦〉		

实力挑战

这是学校国际交流中心为留学生举办的新年联欢会上中心主任的致辞。请你翻译成日语。

第5課　遠足

自我检测

文法リスト

- 敬語（1）
- 敬語（2）
- Vております＜自謙＞
- Vてくださいませんか＜客气的请求＞
- Vてしまう＜消极的结果＞
- Nのようだ＜比喻、示例＞
- ～そうだ＜征兆、推测＞
- Nから＜动作主体、顺序起点＞
- ～くらい＜程度＞
- って＜引用＞
- ～場合は＜假设＞
- Vたらどうですか＜建议＞
- ～と言っていた＜转述＞

単語帳

機会　都合　頃　青空　頂上　選手　丸一日　半日　先日　ひととき　お礼　遠足　アルバム　ご覧
身軽　よろしい　できれば　まるで
見つける　眺める　しまう　澄む　食べすぎる　伺う　いらっしゃる　おる

地下鉄　白紙　用紙　感想　悩み　何度　大人　青色　家族連れ　ワンちゃん　スーツケース
尊敬　謙譲　弁論　優勝　共感　通訳　寝坊
冷たい　親しい
回す　勧める　かける　力がつく　なさる　参る　いたす　お目にかかる

Ⅰ. 文字・词汇・语法

1. 写出下列画线部分汉字的正确读音。

(1) 時間が<u>悩み</u>を解決してくれる。
(2) このアイディアは<u>形</u>にしないと意味がないでしょう。
(3) チベットの<u>青空</u>が忘れられない。
(4) 高橋さんみたいに歌えたら<u>優勝</u>できるかも。
(5) 公務員になりたい<u>若者</u>が増えている。
(6) "亲如一家"とは家族のように<u>親</u>しいということです。
(7) 山の上から町全体を<u>眺</u>めていた。
(8) 先輩がこの小説を<u>勧</u>めてくれた。
(9) 出張のときはできるだけ<u>身軽</u>で行きたい。
(10) 時間が<u>経</u>つのは早いですね。

(1)	(2)
(3)	(4)
(5)	(6)
(7)	(8)
(9)	(10)

2. 从 a～d 中选择正确答案。

(1) そんな____こと、言わないでください。
　　a. だるい　　b. 親しい　　c. 冷たい　　d. よろしい
(2) この挑戦で自信が____。
　　a. 築いた　　b. 巻いた　　c. 努めた　　d. ついた
(3) 来週のご____はいかがですか。
　　a. 具合　　b. 都合　　c. 調子　　d. 縁起
(4) 日本語を学習しようと思った____は、日本のアニメです。
　　a. おかげ　　b. しかた　　c. きっかけ　　d. 飾りつけ
(5) 何かありましたらすぐご____ください。
　　a. 拝見　　b. 尊敬　　c. 謙遜　　d. 連絡
(6) 食事の____ができましたので、どうぞ。
　　a. 用意　　b. めぐり　　c. うがい　　d. 手がかり
(7) 友人があの美容院を____くれました。
　　a. しめて　　b. 探って　　c. 勧めて　　d. 起こして
(8) 森の中は空気が____いて気持ちいい。
　　a. 効いて　　b. 澄んで　　c. 落して　　d. 騒いで

第5課　遠足

(9) 次の就職先を＿＿＿、今の会社をやめようと思う。
　　a. 見たら　　b. 見えたら　　c. 見られたら　　d. 見つけたら

(10) 兄は＿＿＿一流企業に入社したのに、1年でやめてしまいました。
　　a. せっかく　　b. ずいぶん　　c. ますます　　d. たいてい

3. 在（　）中填上适当的助词。每个（　）填一个假名。

(1) みんなで一緒に食事をする（　）（　）楽しいです。
(2) 会議は来月（　）延期したらどうですか。
(3) みなさんのご都合（　）伺ってからお知らせします。
(4) 病気（　）（　）参加しなくてもいいですよ。無理しないでください。
(5) 間違いを直しました。これ（　）いいですか。
(6) 首都図書館（　）（　）行き方を教えてください。
(7) ラッシュの時は、車（　）（　）地下鉄で行ったほうが速いです。
(8) 何時に北京に着く（　）メールで教えてください。
(9) 来る（　）（　）約束したのに、来なかった。
(10) 電車（　）かばんを忘れてしまった。

4. 从a～d中选择正确答案。

(1) A：先生、ご相談したいことがありますが、明日は大学にいらっしゃいますか。
　　B：ええ、朝から12時まで＿＿＿。
　　a. います　　b. あります　　c. まいります　　d. いらっしゃいます

(2) A：はい、山田商事です。
　　B：村井水産の佐藤です。鈴木さんをお願いします。
　　A：鈴木は今席をはずして＿＿＿が……。
　　a. いる　　b. おります　　c. ございます　　d. いらっしゃいます

(3) A：先生、スピーチコンテストの原稿ですが、見て＿＿＿。
　　B：いいですよ。
　　a. くれますか　　b. いただきますか　　c. くださりますか　　d. くださいませんか

(4) はじめて利用する方は、これを必ずお＿＿＿ください。
　　a. 読む　　b. 読み　　c. 読んで　　d. 読ま

(5) カードのパスワードを忘れたので、使えなくなって＿＿＿。
　　a. いた　　b. あった　　c. きた　　d. しまった

(6) 王さん＿＿＿、きっとできると思います。
　　a. なら　　　　b. から　　　　c. ても　　　　d. ので

(7) ネットで注文＿＿＿どうですか。そのほうが速いですよ。
　　a. して　　　　b. したら　　　c. しても　　　d. する

(8) 届くはずのメールが届いてない＿＿＿は、以下をご確認ください。
　　a. のち　　　　b. うち　　　　c. 場合　　　　d. 時間

(9) ＿＿＿すぎは体にはよくない。
　　a. 食べ　　　　b. 食べて　　　c. 食べる　　　d. 食べた

(10) 時間が経つのを忘れてしまう＿＿＿楽しかった。
　　a. だけ　　　　b. まで　　　　c. くらい　　　d. ばかり

(11) 柔らかいパンが石＿＿＿なりました。
　　a. のように　　b. ように　　　c. そうに　　　d. そうな

(12) 京都＿＿＿古い町へ行ってみたいです。
　　a. ように　　　b. ようで　　　c. のような　　d. のようだ

(13) まだ授業に＿＿＿そうだから、行きましょう。
　　a. 間に合え　　b. 間に合い　　c. 間に合って　d. 間に合った

(14) 食べたことがないお菓子で、見た目がかわいくて＿＿＿のを選びました。
　　a. おいしそう　b. おいしそうな　c. おいしそうに　d. おいしそう

(15) 王さんは＿＿＿1人で食事をしています。
　　a. 寂しように　b. 寂しような　c. 寂しそうに　d. 寂しような

(16) 先生にほめて＿＿＿、うれしかった。
　　a. くれて　　　b. あげて　　　c. くださって　d. いただけて

5. 用「くださいませんか」完成下列场景的说法。

(1) 先生の話が分からない時：

(2) 作文のチェックをお願いする時：

(3) 他人の物を借りたい時：

(4) 道が分からない時：

(5) 手伝って欲しい時：

第5課　遠足

（6）荷物を取って欲しい時：

（7）写真撮影を頼む時：

6. 从a～d中选择一个与画线句子意思最相近的句子。

（1）その仕事は、王さんに頼んだらどうですか。
　　a. その仕事は、王さんに頼んではいけません。
　　b. その仕事は、王さんに頼んだほうがいいです。
　　c. その仕事は、王さんに頼みます。
　　d. その仕事は、王さんに頼むでしょう。

（2）もうたくさんいただきました。
　　a. まだもらえるんですか。
　　b. もうたくさんあげました。
　　c. もうおなかがいっぱいになりました。
　　d. また後で食べます。

（3）お名前はこの漢字でよろしいでしょうか。
　　a. お名前の漢字を書いてもいいですか。
　　b. お名前はこの漢字ですか。
　　c. お名前を漢字で書いてもいいですか。
　　d. お名前の漢字の書き方を教えてください。

7. 正确排列a～d的顺序，并选择最适合填入 ★ 的部分。

（1）日本の社会や＿＿＿　＿＿＿　＿＿＿、★ と思っています。
　　a. 経験したい　　b. 見て　　　　c. 文化を　　　d. この目で

（2）遠い国の＿＿＿　★　＿＿＿　＿＿＿友達になりました。
　　a. 通じて　　　　b. インターネットを　　c. と　　　　d. 人

（3）＿＿＿　＿＿＿　★　＿＿＿が深いです。
　　a. 印象　　　　　b. 一生　　　　c. ぐらい　　　d. 忘れられない

（4）＿＿＿　＿＿＿　★　＿＿＿が、難しい話はできません。
　　a. 会話　　　　　b. できます　　c. 簡単な　　　d. なら

（5）＿＿＿　＿＿＿　＿＿＿　★ すしが好きです。
　　a. 毎日　　　　　b. と思う　　　c. 食べたい　　d. くらい

(6) バスがなかなか来なくて、15分＿＿ ★ ＿＿ ＿＿。
　　a. 遅刻して　　　b. 授業に　　　　　c. ぐらい　　　　d. しまった

(7) カメラを＿＿ ★ ＿＿ ＿＿。
　　a. 持ってくる　　b. しまった　　　　c. のを　　　　　d. 忘れて

(8) ＿＿ ＿＿ ★ ＿＿、半日の場合は日曜日がいいんです。
　　a. 1日の　　　　b. 場合は　　　　　c. 遠足が　　　　d. 土曜日

(9) 同じ＿＿ ＿＿ ★ ＿＿しまった。
　　a. 買って　　　　b. も　　　　　　　c. 本を　　　　　d. 3冊

(10) では＿＿ ＿＿ ＿＿ ★ 。
　　a. うかがいましょう　　　　　　b. 土曜日の
　　c. ご都合を　　　　　　　　　　d. まず

Ⅱ. 听力

1. 听录音，选择正确答案。

(1) ＿＿　(2) ＿＿　(3) ＿＿　(4) ＿＿　(5) ＿＿　(6) ＿＿　(7) ＿＿

2. 听录音，选择正确答案。

(1) ＿＿　(2) ＿＿　(3) ＿＿　(4) ＿＿

　　a　　　　　　b　　　　　　c　　　　　　d

Ⅲ. 阅读

阅读下列文章，根据内容回答问题。

外国人観光客が参加する観光ツアー

　ガイド：皆様、おはようございます。本日は東京バス箱根観光旅行へのご参加ありがとうございます。（　ア　）。どうぞよろしくお願いします。バスは9時に新宿を出発し、現在箱根の近くまで来ております。（　イ　）。ちょっと高い山が見えますね。あれが「富士山」です。（　ウ　）外国のお客さまの中には富士山にぜひ登りたいとおっしゃるお客様がたくさんいらっしゃいます。本日の旅行には登山の予定は入っておりま

第5課　遠足

せんが、富士山登山旅行もご用意いたしております。登山旅行への参加をご希望のお客様は、のちほどお伝えください。このバスはまもなく箱根に到着する予定です。それまでもうしばらく、窓の外の景色をお楽しみください。

問題　文中の空欄（ア）〜（ウ）に入れるのに最も適当なものを、a〜dの中から1つ選びなさい。

（ア）
- a. 今日一日皆様のご案内をなさるAと申します
- b. 今日一日皆様のご案内をいただくAとおっしゃいます
- c. 今日一日皆様のご案内をいたしますAと申します
- d. 今日一日皆様のご案内をいたしますAとおっしゃいます

（イ）
- a. 皆様、右側をお目にかかってください
- b. 皆様、右側を拝見してください
- c. 皆様、右側をご覧になってください
- d. 皆様、右側をお見になってください

（ウ）
- a. 日本に参る
- b. 日本にいらっしゃる
- c. 日本を伺う
- d. 日本をご旅行いたします

第6課　宝くじ

ユニット1　宝くじに当たった人の話

课前学习

 1. 听录音，给汉字注音，并熟读这些单词。

(1) 運　　(2) 宝くじ　　(3) 金持ち　　(4) 1等
(5) 大金　(6) 当たる　　(7) 驚く

2. 仔细观察、体会「～そうだ」的意义和用法。

```
～そうだ
【间接引语】
  说明
    表示间接引语
    用于转述从其他地方获得的信息
    可以使用「Nによると」等来明确指出信息的来源
  例
    駅前のコンビニ、バイトを募集しているそうですよ。
    高橋さんは東京出身だそうです。
    手続きはあまり複雑ではなかったそうです。
    今年は花粉が例年より多いそうです。
    夏休みは14日からだそうです。
    先生はお酒を召し上がらないそうですよ。

～そうだ
【思考区别】
    あの店のラーメン、おいしいそうです。
    あの店のラーメンおいしそうです。

    Ｎ１は簡単そうですね。
    Ｎ１は簡単だそうですね。

    王さんは泣きそうでした。
    王さんは泣いたそうです。
```

3. 仔细观察、体会「～なんて」的意义和用法。

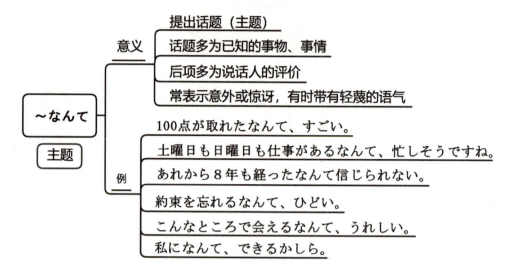

4. 梳理我们学过的连词。

接続詞	意味	例文
それでは	〔前のことがらを受けて〕そういう事情で〈あるなら／あっては〉。	～私が困ります
	話を次に進めることば。では。	A国は参加する、～、B国はどうか
	話を終えるとき、別れるときなどに使うことば。では。	～、これで失礼します
それから	その次に。そして。そのことがあってから。	電気を消して、～玄関の鍵をかけた
	それに加えて。さらに。	お祝いに、本とアルバム、～花を贈った
それで	相手の話を先へ促す時に使う言葉。そして。それから。	～どうなりました
	そのような理由で。だから。	言っても聞かない。～、ついどなってしまった
	前に述べた話を受けながら、新しい話題に転じる時に使う言葉。そこで。	～、ぼくも言ってやったんだ
それに	すでにある事物や事柄にさらに何かが加わることを表わす。	このお菓子はおいしいし、～安い。
それとも	二つ以上の事柄のどれかが選ばれる関係にあることを表す。必ずどれか一つがあてはまるとは限らず、例示のニュアンスを伴う。または。	旅行には飛行機で行ったんですか、～新幹線ですか

(续表)

接続詞	意味	例文
つまり	前文を受けて、以下はその意味を説明したり要約したりするものだという関係にあることを表わす。	弟の子、〜甥に当たる
	副詞的用法。	うまく説明できないということは、〜分かっていないということだ
しかし	逆の関係にある前後の文を結びつけることば。けれども。	実験は成功した。〜、喜んではいられない。
	それはそれとして。それにしても。	どうもご苦労さまでした。〜、今日は寒いですね
ところで	話を変えるときに使う。それはそうと（して）。	〜今日はなんのご用ですか

课后学习

1. 记录今天从其他同学那里学到的表达、观点。

2. 学完第6课第1单元，你能够做以下事情。请完成下列表格。

能向他人转述听到的事情	

3. 对照本单元的学习目标，检测一下自己是否达标了。

学习目标	例句	达标情况
〜そうだ〈间接引语〉		
〜なんて〈主题〉		

第6課　宝くじ

本末転倒

课前学习

1. 听录音，给汉字注音，并熟读这些单词。

   (1) 資金　(2) 確率　(3) 第一　(4) 一式　(5) 進級　(6) 本末転倒

2. 仔细观察、体会「Nのため（に）／Vるため（に）」的意义和用法。

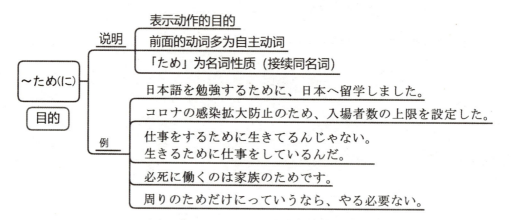

3. 仔细观察、体会「～ため（に）」的意义和用法。

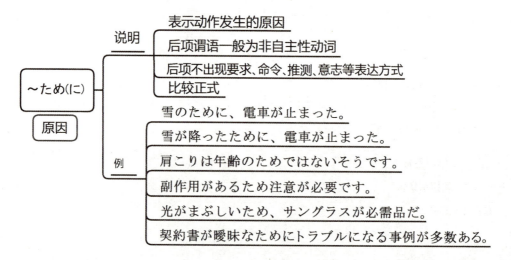

4. 仔细观察、体会「Vるように」的意义和用法。

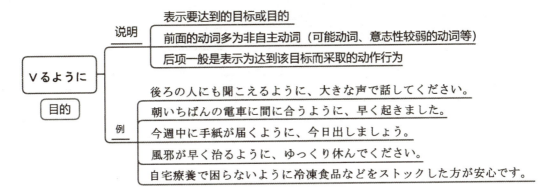

5. 仔细观察、体会表示目的的「Vるために／Nのために」「Vるように」的区别。

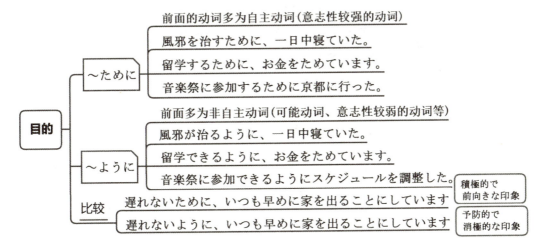

6. 仔细观察、体会「（どんなに／いくら）〜ても」的意义和用法。

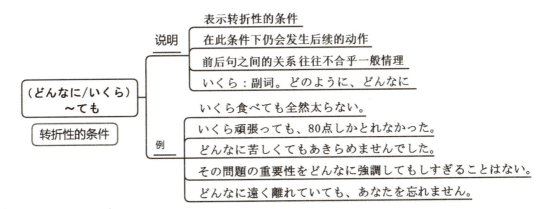

第6課　宝くじ

7. 仔细观察、体会「どんなに～でしょう」的意义和用法。

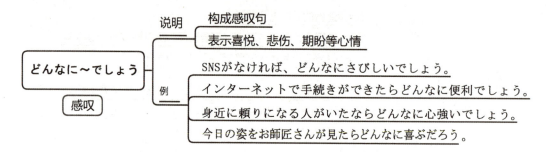

8. 仔细观察、体会「～すぎる」的意义和用法。

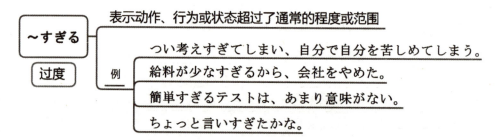

课后学习

1. 记录今天从其他同学那里学到的表达、观点。

_____
_____
_____
_____

2. 学完第6课第2单元，你能够做以下事情。请完成下列表格。

谈论目的	
说明原因	
感叹	

3. 对照本单元的学习目标，检测一下自己是否达标了。

学习目标	例句	达标情况
～ために〈原因〉		
Ｖるために／Ｎのために〈目的〉		
Ｖるように〈目的〉		
（どんなに／いくら）～ても〈转折性的条件〉		
どんなに～だろう〈感叹〉		
～すぎる〈过度〉		

第6課　宝くじ

3　新入生へのアンケートから（東西大学学生新聞）

课前学习

1. 听录音，给汉字注音，并熟读这些单词。

(1) 対象　　(2) 状態　　(3) 関心　　(4) 精神　　(5) 詳細
(6) 有無　　(7) 欄　　　(8) ゆとり　(9) 友人　　(10) 優先
(11) 挑戦　(12) 維持　　(13) 実施　　(14) 掲載　　(15) 回答
(16) 記述　(17) 浅い　　(18) 案外　　(19) 有効　　(20) 自由
(21) 生かす　(22) 関わる　(23) 読み取る　(24) 次に　(25) 次いで

2. 仔细观察、体会「Nを対象に（して）」的意义和用法。

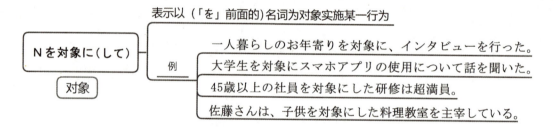

3. 仔细观察、体会「Nを中心に（して）」的意义和用法。

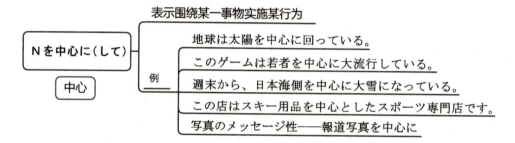

4. 仔细观察、体会「～と考えられる/思われる」的意义和用法。

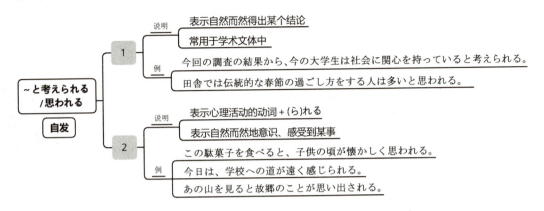

5. あなたが大学生活で大事だと思うことは何ですか。

课后学习

1. 记录今天从其他同学那里学到的表达、观点。

_____
_____
_____
_____

2. 学完第6课第3单元，你能够做以下事情。请完成下列表格。

能分析、说明调查问卷	
能够根据调查结果表达自己的观点	

3. 对照本单元的学习目标，检测一下自己是否达标了。

学习目标	例句	达标情况
Nを対象に（して）〈対象〉		
Nを中心に（して）〈中心〉		
～と考えられる/思われる〈自発〉		

第6課　宝くじ

实力挑战

　　这是一个对「国際社会学部」的学生进行的采访。请你完成以下任务。
（1）听录音，做影子跟读（シャドーイング）的练习。
（2）回答采访中提到的问题。

自我检测

文法リスト

- 〜そうだ〈間接引语〉
- 〜ために〈原因〉
- Vるために／Nのために〈目的〉
- 〜なんて〈主題〉
- Vるように〈目的〉
- （どんなに/いくら）〜ても〈转折性的条件〉
- どんなに〜でしょう〈感叹〉
- 〜すぎる〈过度〉
- 〜と考えられる/思われる〈自発〉
- Nを対象に（して）〈対象〉
- Nを中心に（して）〈中心〉

単語帳

対象　状態　確率　関心　資金　精神　有無　詳細　第一　一式　宝くじ　金持ち
友人　1等　運　大金　このごろ　進級　本末転倒　ため　ゆとり　欄　バッグ
グラフ　ゲームソフト
挑戦　優先　実施　回答　掲載　維持　記述
当たる　驚く　生かす　関わる　読み取る
低い　浅い　ほどほど　案外　有効　自由　あんまり　なんて　どんなに
ところで　次に　次いで

方法　花粉　余暇　一周　迷惑　朝いちばん　月末　一人暮らし　シニア
国慶節　-票　故障　ブレイク　尽くす　迷惑をかける　非常に

第6課　宝くじ

 I．文字・詞汇・語法

1. 写出下列画线部分汉字的正确读音。

(1) クイズに当たったら映画のポスターがもらえます。
(2) 宝くじなんてぜんぜん関心がありません。
(3) コピー機は故障しているので、使えないです。
(4) 一戸建ての家を買うなら大金が必要です。
(5) 本末転倒ってどういう意味ですか。
(6) 3つの科目が不合格になったら進級できません。
(7) 詳しい内容はホームページに掲載されています。
(8) 一度世界記録に挑戦してみたい。
(9) この仕事は経験の有無に関係ありません。
(10) 自由な発想は大切だ。

(1)	(2)
(3)	(4)
(5)	(6)
(7)	(8)
(9)	(10)

2. 将下列画线部分的假名写成汉字。

(1) 明日の日本海側は雪になるかくりつが高いです。
(2) しょうさいはホームページをチェック！
(3) 他のお客さまのめいわくになりますので、お静かにお願いいたします。
(4) 日本に来てにちじょう生活で困ったことがありましたか。
(5) 人間とかかわらないと生きていけない。
(6) 子供のせいちょうは早いですね。
(7) 高校生は、親よりゆうじんに悩みなどをよく相談する。
(8) ここからの眺めはあんがいすばらしい。
(9) お互い意外な一面におどろいた。
(10) この質問にはふくすうの選択肢があります。

(1)	(2)
(3)	(4)
(5)	(6)
(7)	(8)
(9)	(10)

3. 在（　）中填上适当的助词。每个（　）填一个假名。

(1) 来週は卒業生（　）対象にした「就職」についての講演がある。
(2) 日本のことなら何（　）（　）知りたいです。
(3) 甲骨文を資料（　）して、「漢字の成り立ち」を教えています。

(4) 若いうちは、関心を持っていること（　）挑戦しよう。

(5) クイズ番組の答え（　）スマホからメールで送った。

(6) 生活（　）困ったら、留学生係に相談してみてください。

(7) 「おせち料理」は一度（　）食べたことがありません。

(8) アルバイトで得たお金は、何（　）使うんですか。

(9) 宝くじのようなものは日本（　）（　）中国（　）（　）あります

(10) 大学生活（　）最も大事なことは勉強です。

4. 将（　）中的词改成适当的形式填写在____上。

(1) どんなに（会いたい）_____、会わないほうがいいと思う。

(2) 時間とお金が（ない）_____たら旅行ができません。

(3) 日本語を（生かす）_____ために、日本の企業に就職したい。

(4) 授業に（遅れる）_____ために、先生に叱られました。

(5) 町で好きな歌手に（会う）_____なんて夢にも思わなかった。

(6) 天気が（いい）_____ば、いつもここから富士山が見える。

(7) 魚が（新鮮だ）_____たら、刺身にできます。

(8) 迷子に（なる）_____ように地図を持って行きます。

5. 从a～d中选择正确答案。

(1) 22世紀に____、インターネットはどうなるでしょう。
　　a. なるから　　b. なったら　　c. なっても　　d. なるために

(2) この仕事は難しそうですが、挑戦して____です。
　　a. みたい　　b. いたい　　c. みよう　　d. いい

(3) お土産が早く届く____、宅急便を利用したほうがいい。
　　a. ために　　b. そうで　　c. ように　　d. と

(4) 先生になる____、子供が好きでなければなりません。
　　a. ように　　b. そうで　　c. と　　d. には

(5) 1年でこんなに話せる____びっくりした。
　　a. だけ　　b. まで　　c. なんて　　d. なら

(6) パスワードを忘れた____、登録できなかった。
　　a. ように　　b. ために　　c. そうに　　d. うちに

(7) 高橋さんの話によると、彼女は去年2回も宝くじに____そうだ。
　　a. 当たる　　b. 当たり　　c. 当たって　　d. 当たった

第6課　宝くじ

(8) 初心者を対象＿＿＿少人数グループレッスンを開講中です。
　　　a. が　　　　　b. を　　　　　c. と　　　　　d. に
(9) こちらではいくら＿＿＿、どこからか砂が入ってくるので困っている。
　　　a. 掃除する　　b. 掃除して　　c. 掃除した　　d. 掃除しても
(10) この企画が実現したら、地元の人は＿＿＿喜んでくれるでしょう。
　　　a. どんな　　　b. どんなに　　c. いくら　　　d. どうか

6. 正确排列a～d的顺序，并选择最适合填入 ★ 的部分。

(1) 歳＿＿＿＿＿＿＿＿★＿、新しい知識をもっと勉強したいです。
　　　a. ように　　　b. とっても　　c. 働ける　　　d. を
(2) 僕の研究は＿＿＿＿＿＿＿★＿一生関係しないでしょう。
　　　a. にとって　　b. の　　　　　c. ほとんど　　d. 人
(3) 先輩の話によると、今年の就職状況は＿＿＿＿★＿＿＿です。
　　　a. よりも　　　b. 厳しい　　　c. そう　　　　d. 去年
(4) 留学生_★＿＿＿＿、＿＿＿調査をしました。
　　　a. を　　　　　b. に　　　　　c. アンケート　d. 対象
(5) 好きな人とずっと一緒に＿＿＿★＿＿＿＿＿なことでしょう。
　　　a. どんなに　　b. 幸せ　　　　c. なんて　　　d. いる
(6) アルバイトの＿＿＿＿＿＿＿★＿と考えている。
　　　a. 経験を　　　b. 生かそう　　c. 成長に　　　d. 自分の
(7) ボランティア活動に＿＿＿★＿＿＿＿＿ことが分かりました。
　　　a. 学生が多い　b. 高い　　　　c. 持つ　　　　d. 関心を
(8) ＿＿＿★＿＿＿＿挑戦するのは大切だ。
　　　a. ことに　　　b. しか　　　　c. 今　　　　　d. できない
(9) 社会人なので、＿＿＿＿＿★＿＿＿ならないと思う。
　　　a. 仕事を　　　b. しなければ　c. 趣味より　　d. 優先
(10) この調査から、中国ではアルバイトの＿＿＿＿＿★＿＿＿ことが分かった。
　　　a. 多い　　　　b. 案外　　　　c. 経験のない　d. 学生が

7. 作文。

　　这是一项以日语自学者为调查对象的问卷调查，调查题目是"学习日语的目的"，结果如下。请你写一份调查报告，总结、分析调查结果，并谈一谈你对此调查结果的看法。

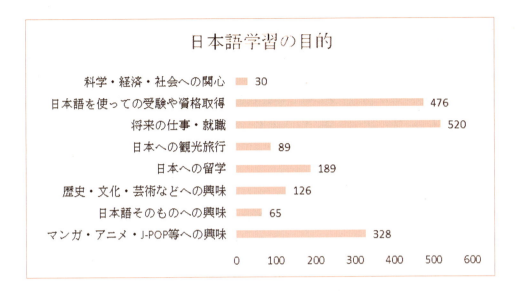

Ⅱ. 听力

1. 听录音，选择正确答案。

(1) ____　(2) ____　(3) ____　(4) ____　(5) ____

2. 听录音，选择正确答案。

(1) ____　(2) ____　(3) ____　(4) ____

　a　　　　b　　　　c　　　　d

3. 听录音，从a～c选项中选择最佳应答。

(1) ____　(2) ____　(3) ____　(4) ____

Ⅲ. 阅读

阅读下列对话，根据其内容回答问题。

（AとBは本屋で買い物をしている）

A：Bさん、この本を知っていますか。とてもおもしろいそうですよ。

B：あ、この間友人がとても良い本だって言っていました。まだ読んでいませんが、

第6課　宝くじ

　　（ア）。たしか、経済についての本ですよね。
A：そうです。経済の本なんて難しいだろうと思っていたのですが、この本は簡単に読めるそうです。だから人気があるのでしょうね。
B：最近は、この本のように、少し難しい内容を簡単な言葉で書いた本が多いですね。
A：そうですね。こういう本なら、内容が少し難しくても読んでみようという気持ちになりますね。

問題

(1) 次のa～dから、正しいものを選びなさい。
　　a. AさんはこのAを読んだことがあるが、Bさんは読んだことがない。
　　b. BさんはこのAを読んだことがあるが、Aさんは読んだことがない。
　　c. AさんもBさんもこの本を読んだことがない。
　　d. AさんもBさんもこの本を読んだことがある。

(2) 次のa～dから、空欄（ア）に入れるのに適当なものを選びなさい。
　　a. 時間があったら読んでみたいです。
　　b. 今日読んでみようと思います。
　　c. 読みたいとは思いません。
　　d. 内容がとても難しいそうですね。

文法のまとめ（第4—6課）

语法项目	例句
动词、形容词的条件形	時間が経てば、忘れるだろう。 （歯医者で）痛ければ、手を上げて教えてください。 静かなら勉強に集中できます。
～たら〈确定条件、假设条件〉	北京に着いたら、連絡してください。 暑かったら、エアコンをつけてください。 時間が大丈夫だったら、ビールでも飲まない？
～場合は〈假设〉	雨が降った場合は遠足を中止します。
～ても〈让步条件〉	失敗しても諦めない。 寒くても平気。 見た目は地味でも、モテる人はモテる。 家族でも勝手にスマホを見てはいけない。
どんなに／（いくら）～ても〈转折性的条件〉	いくら食べても太らない。
Nでも〈极端的情况〉	子どもでもわかる。
～すぎる〈过度〉	簡単すぎるテストはあまり意味がない。
～のに〈转折〉	薬を飲んだのに、熱が下がりません。 日曜日なのに出勤しなければならない。 寒いのにアイスがよく売れる。
～し～（し）〈并列、罗列理由〉	いい彼氏ができたし、仕事も楽しいし、幸せ！ もう帰ろうか、風も冷たいし。
～くらい〈程度〉	練習は十分すぎるくらいやった。
Nから〈动作主体、顺序起点〉	私からも頼んでみます。
～そうだ〈间接引语〉	初めて買ってみたら1等に当たったそうです。 夏休みは15日からだそうです。 今年は花粉が例年より多いそうです。
～そうだ〈征兆、推测〉	雨が降りそうですね。 明日天気がよさそうですね。
Nのようだ〈比喻、示例〉	暑い。夏のようだ。 先輩のようなステキな女性になりたい。

文法のまとめ（第4—6課）

（续表）

语法项目	例句
～ために＜原因＞	雪のために、電車が止まった。 雪が降ったために、電車が止まった。
Vるために／Nのために＜目的＞	自分らしく生きるために自分を知ることが重要だ
Vるように＜目的＞	風邪が早く治るように、ゆっくり休んでください。
Nとして＜性质、资格＞	留学生の代表として、歓迎会で挨拶しました。
Nに対して／Nに対する＜对象＞	お客さんに対してそんな失礼なことを言ってはいけない。
Nを対象に（して）＜对象＞	一人暮らしの会社員を対象に、インタビューを行った。
Nを中心に（して）＜中心＞	地球は太陽を中心に回っている。
V（よ）うか＜犹豫＞	もう、会社、やめようか。
Vたらどうですか＜建议＞	弁論大会に出たらどうですか。きっと優勝できますよ。
Vて／Vないで＜伴随状态＞	毎日歩いて学校に通っている。 遠慮しないで食べてね。
Vていられない＜状态难以持续＞	その話を聞いて、黙ってはいられなかった。
敬語（1）	どうぞたくさん召し上がってください。 もうたくさんいただきました。
敬語（2）	最近お忙しいですか。
Vております＜自谦＞	みなさんに感謝しております。
Vてくださいませんか＜客气的请求＞	もう一度説明してくださいませんか。
Vてしまった＜消极的结果＞	約束を忘れてしまった。
Vてみる＜尝试性的动作＞	まず、インターネットから調べてみます。
Nにある＜抽象的所＞	わが社は今たいへん厳しい状況にある。
って＜引用＞	李さんはすぐ来るって。
～なんて＜主题＞	約束を忘れるなんて、ひどい。
～と言っていた＜转述＞	李さんはちょっと遅れてくると言っていた。
～と考えられる／思われる＜自发＞	今回の調査の結果から、今の大学生は社会に関心を持っていると考えられる。 今日は、学校への道が遠く感じられる。
どんなに～だろう＜感叹＞	社会の役に立っていると感じられたらどんなに楽しいでしょう。
～んじゃない（の）か／～のではないか（と思う）＜委婉的主张＞	いろいろ体験してみることが必要なんじゃないかと思う。
日语简体会话的特点（1）	ね、聞いてる？
日语简体会话的特点（2）	お茶、飲む？

第7課　弁論大会

ユニット1　弁論大会のポスター

课前学习

 1. 听录音，给汉字注音，并熟读这些单词。

（1）弁論　　（2）通知　　（3）開発　　（4）招待　　（5）廊下　　（6）切り口

2. 仔细观察、体会「Vておく」的意义和用法。

```
           意义 ── 1.表示为了某一目的，事前做某事
                   2.表示短时间内保持某种状态
                   V一般为自主动词
Vておく ┤
提前准备   例 ── レポートを書く前に、まず資料を集めておきます。
                面接の前には、その会社のことをよく調べておきましょう。
                今日は遅くなりそうだ。眠くならないように、コーヒーを飲んでおく。
                電話する前にメールで相手の都合を確認しておくのが現代的な気遣いだ。
                電車に乗る前にトイレへ行っておかないと不安です。
                私のことはほうっておいてください。
```

3. 仔细观察、体会「Ⅴてある」的意义和用法。

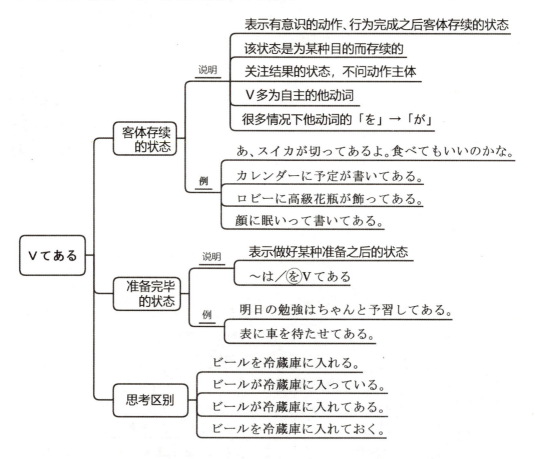

4. 仔细观察、体会「Ⅴてある」「Ⅴている」「Ⅴておく」的区别。

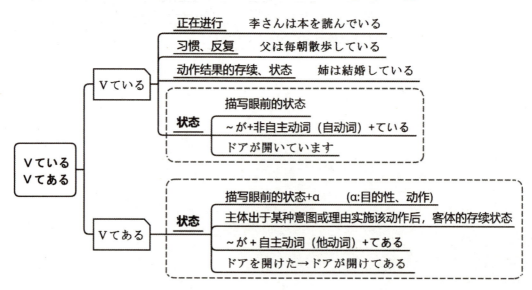

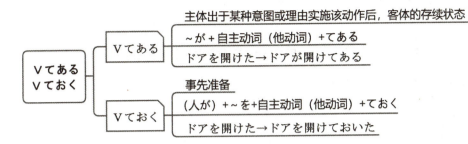

5. 仔细观察、体会「Ｖることになる」的意义和用法。

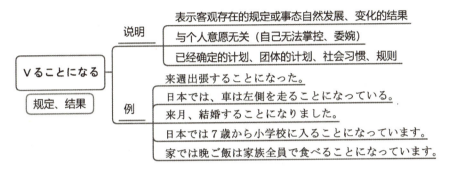

6. 仔细观察、体会「Ｖることにする」的意义和用法。

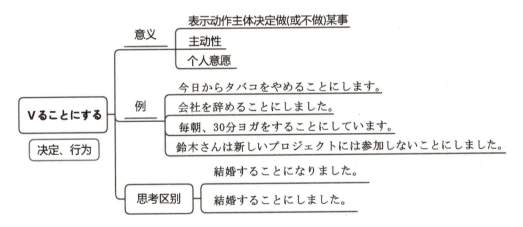

7. 仔细观察、体会「Ｎなら（ば）」的意义和用法。

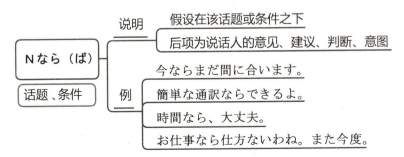

第7課　弁論大会

8. 仔细观察、体会「Nをもとに(して)」的意义和用法。

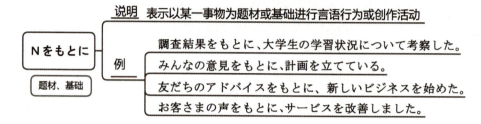

课后学习

1. 记录今天从其他同学那里学到的表达、观点。

_____
_____
_____
_____

2. 学完第7课第1单元，你能够做以下事情。请完成下列表格。

谈论计划	
谈论准备的情况	
谈论已经决定的事情	

3. 对照本单元的学习目标，检测一下自己是否达标了。

学习目标	例句	达标情况
Vておく〈提前准备〉		
Vてある〈客体存续的状态〉		
Vることになる〈事态发展的结果〉		
Vることにする〈决定〉		
Nなら（ば）〈话题、条件〉		
Nをもとに(して)〈题材、基础〉		

イメージチェンジ

课前学习

1. 听录音，给汉字注音，并熟读这些单词。

   (1) 美容室　(2) 髪型　(3) 主人公　(4) 変える　(5) 似合う　(6) 染める

2. 仔细观察、体会「Nみたいだ」的意义和用法。

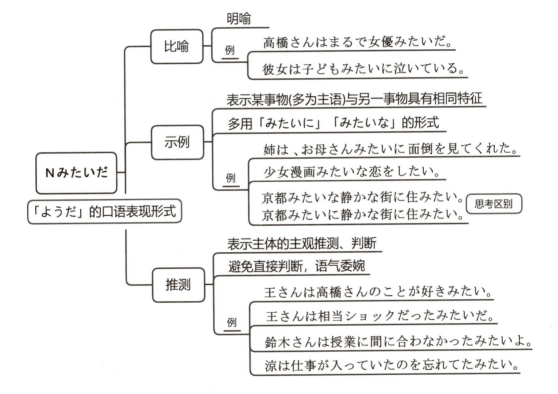

3. 仔细观察、体会「疑问词＋Vたらいいか」的意义和用法。

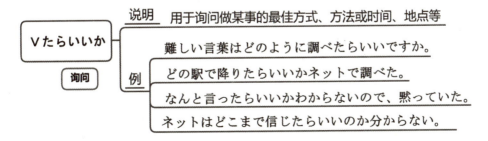

第7課　弁論大会

4. 自分を動物に喩えるならどんな動物ですか。なぜですか。

_____
_____
_____
_____

课后学习

1. 记录今天从其他同学那里学到的表达、观点。

_____
_____
_____
_____

2. 学完第7课第2单元，你能够做以下事情。请完成下列表格。

叙述根据观察做出的判断、预测等	
通过比喻、举例，描述对某个事物的印象	

3. 对照本单元的学习目标，检测一下自己是否达标了。

学习目标	例句	达标情况
Nみたいだ〈比喻、示例〉		
疑问词＋Vたらいいか〈询问〉		

鳥獣戯画（李の弁論の参考資料）

课前学习

1. 听录音，给汉字注音，并熟读这些单词。

A. 以下单词语义直接，用法简单，记住读音即可。

(1) 兎　　(2) 猿　　(3) 蛙　　(4) 牛　　(5) 虎
(6) 象　　(7) 鷹　　(8) 龍　　(9) 獅子　(10) 麒麟
(11) 青龍　(12) 綱　　(13) 甲　　(14) 乙　　(15) 丙
(16) 丁　　(17) 尼　　(18) 僧　　(19) 老尼　(20) 巻
(21) 絵巻　(22) 絵巻物 (23) 中世　(24) 中央　(25) 現代
(26) 最古　(27) 図鑑　(28) 人物　(29) 知名度 (30) コマ割り
(31) 原点　(32) 犯人　(33) 前半　(34) 平安時代 (35) 鎌倉時代
(36) 鳥獣戯画

B. 以下单词意义相对丰富，使用频率较高。

(1) 姿　　(2) 表情　(3) 場面　(4) 流れ　(5) 色彩
(6) 魅力　(7) 仲間　(8) 優勢　(9) 催事　(10) 価値観

C. 以下是一组三类动词。

(1) 参考　(2) 展開　(3) 空想　(4) 生息
(5) 擬人化　(6) 大転倒　(7) 首引き

D. 以下是一组动词。

(1) 倒れる　(2) 倒す　(3) 通す　(4) およぶ　(5) 掴む
(6) 分かれる　(7) 結び付ける　(8) 追いかける　(9) 投げ飛ばす　(10) 呼び起こす

E. 以下是一组形容词、副词。

(1) 弱い　(2) 不思議　(3) 豊か　(4) 爽快　(5) まさに　(6) 小さな　(7) 秀逸

2. 仔细观察、体会「Vずに」的意义和用法。

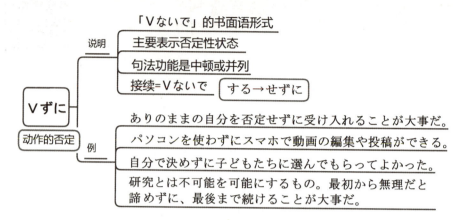

3. 仔细观察、体会「N₁からN₂にかけて」的意义和用法。

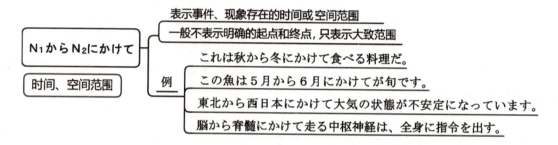

4. 仔细观察、体会「Nに及ぶ」的意义和用法。

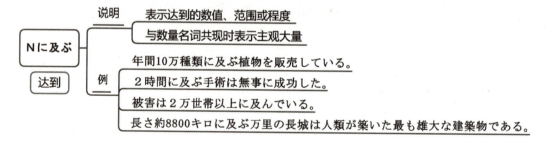

5. 仔细观察、体会「Nを通して」的意义和用法。

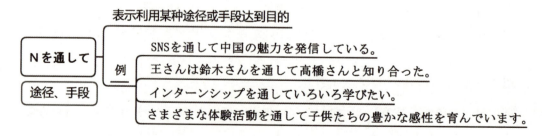

ユニット3　鳥獣戯画（李の弁論の参考資料）

6. 仔细观察、体会「～と言える」的意义和用法。

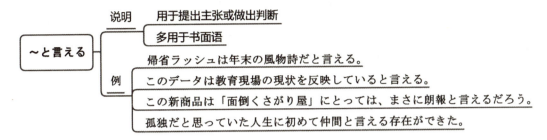

7. 仔细观察、体会「Nからなる」的意义和用法。

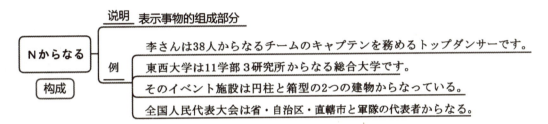

课后学习

1. 记录今天从其他同学那里学到的表达、观点。

_____
_____
_____
_____

2. 学完第7课第3单元，你能够做以下事情。请完成下列表格。

| 能够读懂介绍传统文化、社会的文章 | |
| 能够根据文字资料完成演讲稿 | |

3. 对照本单元的学习目标，检测一下自己是否达标了。

学习目标	例句	达标情况
Vずに〈动作的否定〉		
N₁からN₂にかけて〈时间、空间范围〉		
Nを通して〈途径、手段〉		
Nに及ぶ〈达到〉		
～と言える〈提出主张〉		
Nからなる〈构成〉		

实力挑战

请按照录音的要求完成任务。

自我検測

文法リスト

- Vておく〈提前准备〉
- Vることになる〈事态发展的结果〉
- Nなら（ば）〈话题、条件〉
- Vず〈动作的否定〉
- 疑問詞＋Vたらいいか〈询问〉
- Nを通して〈途径、手段〉
- 〜と言える〈提出主张〉
- Vてある〈客体存续的状态〉
- Vることにする〈决定〉
- Nみたいだ〈比喻、示例〉
- N_1からN_2にかけて〈时间、空间范围〉
- Nをもとに（して）〈题材、基础〉
- Nに及ぶ〈达到〉
- Nからなる〈构成〉

単語帳

ヒント　イメージ　キャラクター　ユーモア　チェンジ　ワイルド　ファンタジー
アトラクション　ライオン　ヘア　ディズニーリゾート
表情　しぐさ　流れ　仲間　場面　色彩　価値観　図鑑　前半　人物　優勢　爽快感
原点　髪型　主人公　美容室　廊下　切り口　催事　知名度　犯人　甲　乙　丙　丁
巻　兎　猿　蛙　牛　鷹　虎　象　麒麟　龍　獅子　青龍　尼　僧　老尼　姿　綱
ふんどし　中世　現代　中央　鳥獣戯画　絵巻　絵巻物　平安時代　鎌倉時代　-種
-上　弁論　通知　開発　招待　展開　擬人化　生息　空想　参考　コマ割り
首引き　大転倒　弱い　豊か　ほんと　まるで　まさに　小さな　最古　不思議　秀逸
変える　似合う　通す　倒れる　倒す　および　染める　掴む　分かれる　追いかける
投げ飛ばす　呼び起こす　結び付ける

アイデア　プログラム　テーブル　トレーニング　ベストセラー　ランチ　マイク
バンド　アイスクリーム　ベネチア
特徴　民族　自己　材料　道具　危機　人形　学力　春　旅　都　城　現役　児童
代表作　おやつ　イチゴ　雨雲　島々　白ごま　だし　餡　味わい　弱冠　年代
ものづくり　北海道　沖縄　京都　幕末　明治　関東　東北　管理　共有　用意
終了　起業　貢献　購入　比喩　恋愛　生放送　最も　しっかり　懸命　およそ
描く　打つ　太る　産む　乗り越える　目指す　抱えこむ

第7課　弁論大会

 Ⅰ. 文字・词汇・语法

1. 写出下列画线部分汉字的正确读音。

(1) 猿（の彫刻）ならこの神社にもあるよ。
(2) 子供の成長する姿に感動した。
(3) 絶妙な色彩が魅力的だ。
(4) この絵は手持ちの写真を参考にして描きました。
(5) 友達をグループに招待した。
(6) 豊かな自然を守りましょう。
(7) 鎌倉時代には中国から禅宗が伝わりました。
(8) これは私の人生を変えた一言です。
(9) 京華大学は地域の活性化に貢献している。
(10) 販売の現場で多くの苦労を乗り越えてきた。

(1)	(2)
(3)	(4)
(5)	(6)
(7)	(8)
(9)	(10)

2. 将下列画线部分的假名改写成汉字。

(1) 中国の人々のひょうじょうが明るい。
(2) この幸せな働き方をもっと多くの人ときょうゆうしたい。
(3) 人間関係やばめんにふさわしい言葉を選択して使う。
(4) かちかんの多様化が進んでいる。
(5) 李さんはげんえきの大学生です。
(6) あ、蛙がなかまを連れて来たよ。
(7) その音を聴いていたら、ふしぎな気持ちになった。
(8) 誰でもきらくに参加できます。
(9) ハンカチをやさしい色にそめた。
(10) 子供がえがくヒーローのイメージは時代によって変わる。

(1)	(2)
(3)	(4)
(5)	(6)
(7)	(8)
(9)	(10)

3. 从 a～d 中选择正确答案。

(1) 先輩のお話は、とてもいい＿＿＿になりました。
　　a. カード　　b. ファイト　　c. コート　　d. ヒント
(2) 森の木を＿＿＿したデザインがステキです。
　　a. カルチャー　　b. サービス　　c. イメージ　　d. アイディア

(3) 人生には＿＿を変える出会いが何度か訪れるらしい
　　a. 掴み　　　b. しぐさ　　　c. 呼び起こし　　　d. 流れ

(4) じゃ、お茶の＿＿するね。
　　a. 味わい　　b. 用意　　　c. 生息　　　d. ものづくり

(5) 28歳の時に＿＿し、現在も社長として会社経営を行っている。
　　a. 起業　　　b. 開発　　　c. 展開　　　d. 共有

(6) 日本の学校の入学式には桜が＿＿。
　　a. 産む　　　b. 目指す　　c. 結びつける　　　d. 似合う

(7) あの店は何回も＿＿が、入ったことはありません。
　　a. 通りかけました　　　　b. 通りかかりました
　　c. はなしかけました　　　d. うけいれました

(8) 仲間の力を借りれば今回のピンチを＿＿かもしれません。
　　a. 乗り越えられる　　　　b. 抱え込まれる
　　c. 追いかけられる　　　　d. 呼び起こされる

(9) 講師のお二人は＿＿歩く辞書のような存在！どんどん質問を投げかけてみてください。
　　a. まさに　　b. およそ　　c. せっかく　　　d. なかなか

(10) 簡単にギブアップをせず、＿＿前を向いてみんなで頑張っていきたい。
　　a. かなり　　b. ぜんぜん　　c. しっかり　　　d. ずいぶん

4. 选择最恰当的词改成适当形式填在＿＿＿上。

　　消す　消える

(1) 電気を＿＿＿＿＿＿ください。
(2) 電気が＿＿＿＿＿＿います。

　　始まる　始める

(3) さあ、今日の勉強を＿＿＿＿＿＿ましょう。
(4) 今日から大学生活が＿＿＿＿＿＿ます。

　　集まる　集める

(5) 全国から大勢の参加者が＿＿＿＿＿＿来た。
(6) 趣味は、マンガを読むことと、＿＿＿＿＿＿ことです。

　　かける　かかる

(7) 電車に乗っているとき、電話が＿＿＿＿＿＿きた。
(8) 勇気を出して彼に電話を＿＿＿＿＿＿。

第7課　弁論大会

　　　　　入る　入れる

(9) この紅茶にジャムを＿＿＿＿＿と、おいしくなります。

(10) このジュースには蜂蜜が＿＿＿＿＿いる。

5. 从a～d中选择正确答案。

(1) このビールを冷蔵庫に入れて＿＿＿ください。今晩お客さんが来るから。
　　a. いて　　　b. みて　　　c. おいて　　　d. あって

(2) お客様用のビールですか。ビールはもう冷蔵庫に入れて＿＿＿。
　　a. います　　b. みます　　c. おきます　　d. あります

(3) 心配いりません。そのことはもう鈴木さんには話して＿＿＿。
　　a. います　　b. みます　　c. おきます　　d. あります

(4) あ、さっき急いでいたから、手紙に切手を貼らずに出して＿＿＿。
　　a. いた　　　b. おいた　　c. みた　　　　d. しまった

(5) 高橋さんが明日ここに来ると聞いて＿＿＿。
　　a. います　　b. あります　　c. みます　　d. しまいます

(6) あの子は毎日甘いものばかり食べて＿＿＿。
　　a. います　　b. あります　　c. みます　　d. おきます

(7) A：窓を閉めましょうか。
　　B：そのままにしておいてください。換気のために＿＿＿あるんです。
　　a. 開く　　　b. 開いて　　c. 開ける　　　d. 開けて

(8) 母は買い物に行ったまま、まだ帰って＿＿＿。
　　a. きません　b. いきません　c. ありません　d. しまいません

(9) 外国に行くときは、いつも中国のお茶を持って＿＿＿。
　　a. きます　　b. いきます　　c. あります　　d. しまいます

(10) みなさんは来年第二外国語を勉強することに＿＿＿。
　　a. あります　b. ありません　c. しています　d. なりました

(11) 私は今日から毎朝ジョギングをする＿＿＿。
　　a. ことがある　b. ことになる　c. ことにした　d. ことだ

(12) 朝から昼過ぎ＿＿＿雨の予想です。
　　a. にかけて　b. につれて　c. におよんで　d. に加えて

(13) 美咲さんが嫌＿＿＿諦めます。
　　a. では　　　b. から　　　c. なら　　　　d. として

(14) 演劇＿＿＿西洋の考え方や文化を広めていた。
  a. を通して b. をもとに c. を対象に d. をはじめて

(15) こうして9時間＿＿＿限定メニュー販売が終了した。
  a. に及ぶ b. からなる c. みたいな d. にかける

6. 在（ ）中填上适当的助词。每个（ ）填一个假名。

(1) 授業の前にその詩（ ）黒板に書いておきました。

(2) 黒板に李白の詩（ ）書いてあります。

(3) 李さんは黒板に絵（ ）描いています。

(4) 図書室のドア（ ）開いています。

(5) ヴェネチアは100を超える島々（ ）（ ）なる街です。

(6) 今年から副専攻を選べること（ ）なりました。

(7) 大学（ ）（ ）勉強を生かせる仕事をしたいと思います。

(8) 大学の専攻は自分の意志（ ）決めたのですか。

(9) 昔、人々は寒さ（ ）（ ）身を守るために家を作った。

(10) 試験の結果（ ）心配だ。

7. 正确排列a～d的顺序，并选择最适合填入★的部分。

(1) 肌のケアは＿＿＿ ＿＿＿ ＿＿＿ ★＿＿＿ ほうがいい。
  a. おいた b. 20代 c. して d. から

(2) 来月＿＿＿ ＿＿＿ ★＿＿＿ ＿＿＿ので、ぜひ披露宴にご出席ください。
  a. に b. 結婚する c. こと d. なりました

(3) いろいろなダイエット法を試して＿＿＿、＿＿＿ ★＿＿＿ ＿＿＿。
  a. 途中で b. しまった c. やめて d. みたが

(4) 今の仕事をやめて研究生＿＿＿ ＿＿＿ ★＿＿＿ ＿＿＿ことにしました。
  a. 大学の b. 聴講する c. 授業を d. として

(5) あのとき、もっとおばあさんの＿＿＿ ＿＿＿ ★＿＿＿ ＿＿＿。
  a. あげれば b. いて c. よかった d. そばに

(6) みんなの＿＿＿ ★＿＿＿ ＿＿＿ ＿＿＿。
  a. 計画を b. 立てた c. 意見を d. もとに

(7) 髪型を変えて、＿＿＿ ★＿＿＿ ＿＿＿ ＿＿＿。
  a. はかる b. しました c. ことに d. イメージチェンジを

第7課　弁論大会

(8) 京都には＿＿　★　＿＿　＿＿がたくさんある。
　　a. お寺　　　b. 金閣寺を　　c. 古い　　　d. はじめ

(9) 今回は＿＿　＿＿　＿＿　★　になっています。
　　a. 日本へ　　b. こと　　　c. 優勝者を　　d. 招待する

(10) ＿＿　★　＿＿　＿＿。
　　a. よかった　b. 出して　　c. 勇気を　　d. 相談して

Ⅱ. 听力

1. 听录音，选择正确答案。

(1) ＿＿　(2) ＿＿　(3) ＿＿　(4) ＿＿

2. 听录音，选择正确答案。

(1) みんなが帰ったあと、教室の中はどうなっていますか。

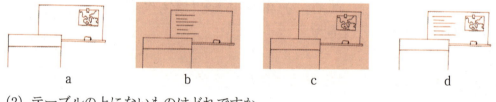

　a　　　　b　　　　c　　　　d

(2) テーブルの上にないものはどれですか。

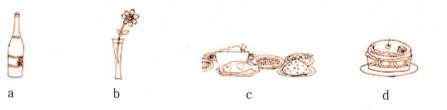

　a　　　　b　　　　c　　　　d

3. 听录音，仿照例子完成山田的日程表。

《山田さんの予定》

木曜日（今日）	d
金曜日	
土曜日	
日曜日	
月曜日	

a. お見舞いに行く
b. バイト
c. 友達と映画に行く
d. お見舞いに行く日を決める
e. 論文指導をしてもらう
f. お見舞いにもっていくものを買う

III. 阅读

以下是两个日本国内旅游的广告，如果你是销售人员，你怎么向客人介绍呢？

旅行のパンフレット：

東京ツーリストなら、お好きなプランをお選びになれます

■ 設定期間：7月1日～10月31日の毎日出発 ■

＜奈良と京都　世界遺産めぐり＞

数多くの世界遺産がある京都と奈良。歴史が息づく古都を訪れましょう。

■　62,500～80,700円

日程	行程	食事
1	東京または各出発地→京都駅→法隆寺→（昼食） 春日大社→東大寺（大仏殿）→薬師寺→ホテル	昼夕
2	ホテル→平等院鳳凰堂→二条城→清水寺（昼食）→銀閣寺→金閣寺→ホテル	朝昼夕
3	フリータイム　京都駅→東京駅または各出発地	朝

○ 貸し切りタクシーでご案内いたします。

○ お部屋は一流ホテルのデラックスルームをご用意いたします。

○ 夕食は京料理をお楽しみください。

○ 中国語または英語、韓国語の通訳をご用意いたします。（オプション）

＜東京　若者の街めぐり＞

時間が経つのを忘れてしまうくらいの楽しさです。

■　38,800～49,900円

日程	行程	食事
1	東京または各出発地→東京ファンタジーランド→ホテル	夕
2	ホテル→渋谷→原宿（フリータイム）→お台場→ホテル	朝　夕
3	フリータイム→東京駅または各出発地	朝

○ 観光バスでご案内いたします。

○ 2日目の昼食は各自でおとりください。

○ スタンダードクラスのホテルをご用意いたします。

○ 人気キャラクターのミュージカルをご覧になれます。（オプション）

第8課　留学試験の面接

 面接試験

课前学习

1. 听录音，给汉字注音，并熟读这些单词。

(1) 視野　　(2) 制度　　(3) 知人　　(4) 面接官　　(5) 面接
(6) 応募　　(7) 開講　　(8) 協定　　(9) 協定校　　(10) 同一

2. 仔细观察、体会动词被动态的形式。

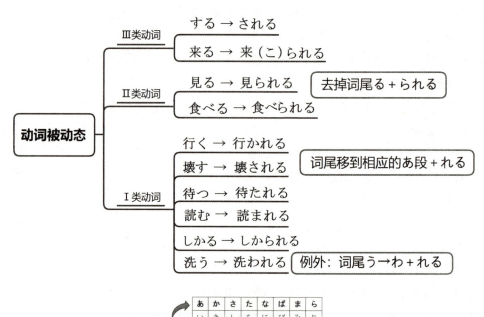

3. 仔细观察、体会被动态与被动句的意义和用法。

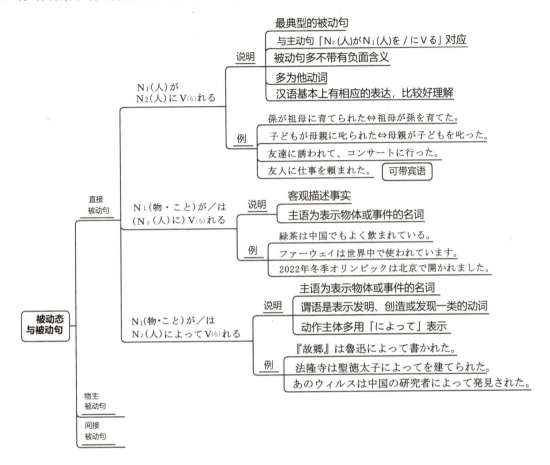

4. 仔细观察标识，体会「お／ご～ください」的意义和用法。

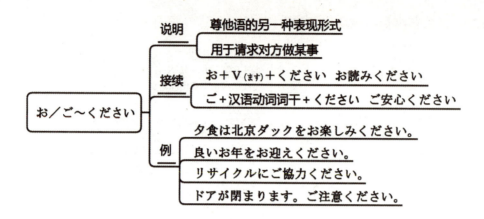

5. 仔细观察、体会「Nをきっかけに（して）」的意义和用法。

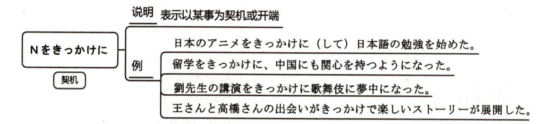

6. 如果你参加留学考试的面试，你怎么回答以下问题呢？

（1）自己紹介してください。
（2）どうして留学をしたいと思ったのですか。
（3）なぜ本学を選んだのですか（本学を選んだ理由は何ですか）。
（4）入学後、何をどのように学びたいですか。
（5）日本でやりたいことはありますか。
（6）大学で今まで頑張ったことは何ですか。
（7）クラブ活動や校外活動などの経験から得たものはありますか。
（8）自分の長所と短所を教えてください
（9）10年後何をしていると思いますか。
（10）最後に質問はありますか。

课后学习

1. 记录今天从其他同学那里学到的表达、观点。

   _____
   _____
   _____
   _____

2. 学完第8课第1单元，你能够做以下事情。请完成下列表格。

能够谈论习惯	
能够用被动表达谈论言行	

3. 对照本单元的学习目标，检测一下自己是否达标了。

学习目标	例句	达标情况
被动态与被动句（1）		
お／ごVください〈请求〉		
Nをきっかけに（して）〈契机〉		
〜のではないか（と思う）〈委婉的主张〉		

第8課　留学試験の面接

ユニット2 面接試験のあと

课前学习

 1. 听录音，给汉字注音，并熟读这些单词。

(1) 敬語　　(2) 順番　　(3) 緊張

2. 仔细观察、体会被动态与被动句（2）的意义和用法。

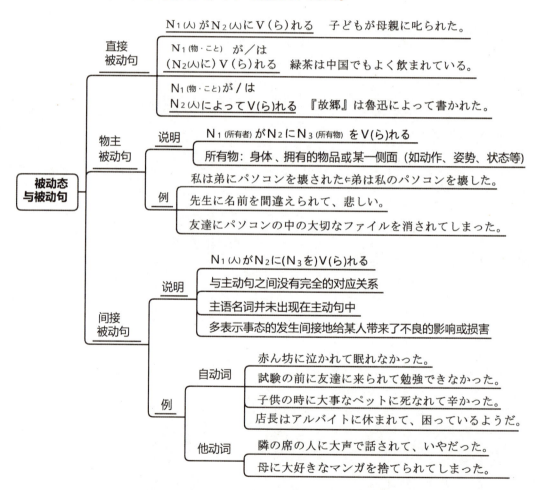

3. 仔细观察、体会「～らしい」的意义和用法。

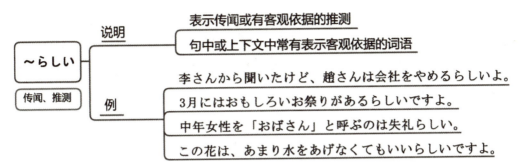

4. 梳理「そうだ」「ようだ」「らしい」的区别。

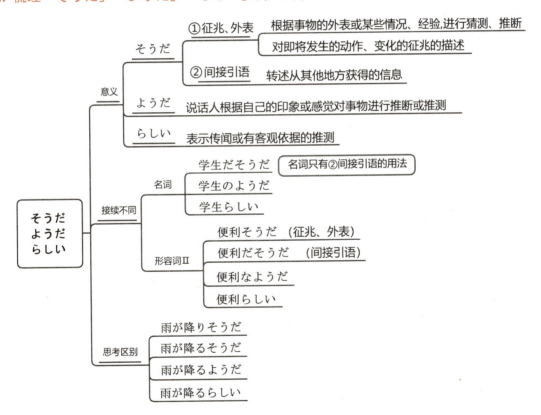

第8課　留学試験の面接

5. 以下是「緊張する」「あがる」在日文词典上的解释，你能看出它们的区别吗？

> **緊張**
> 好ましくない結果にならないようにするために一瞬たりとも気を抜けないと、それだけに精神を集中すること。

> **あがる**
> 緊張して、ものが言えなくなったりする。

课后学习

1. 记录今天从其他同学那里学到的表达、观点。

_____
_____
_____
_____

2. 学完第8课第2单元，你能够做以下事情。请完成下列表格。

能够谈论习惯	
能够用被动表达谈论言行	

3. 对照本单元的学习目标，检测一下自己是否达标了。

学习目标	例句	达标情况
被动态与被动句（2）		
〜らしい〈传闻、推测〉		

ユニット3 敬語の使われ方について（インターネット掲示板）

敬語の使われ方について（インターネット掲示板）

课前学习

1. 听录音，给汉字注音，并熟读这些单词。

(1) 担当　　(2) 暗記　　(3) 議論　　(4) 掲示　　(5) 掲示板
(6) 年々　　(7) 店長　　(8) 正しい　　(9) 嫌　　(10) 変
(11) 逆　　(12) 間違える　(13) 使い分ける　(14) 身につける

2. 完成下列关于日语敬语的调查问卷，思考关于敬语的问题。

(1) あなたは、敬語についてどう思いますか。（複数回答可）
　　a. 敬語は美しい言葉だから、大切だと思う。
　　b. 敬語は社会、学校、クラブなどでの人間関係を気持ちのよいものにすることができるので必要だと思う。
　　c. 敬語は昔から日本語にあるので、残しておいた方がよいと思う。
　　d. 敬語は難しそうだから、ないほうがいいと思う。
　　e. 敬語はかえって人間関係を悪くするから、ないほうがいいと思う。
　　f. 敬語はあったほうがよいのか、ないほうがよいのか分からない。
　　g. その他＿＿＿＿＿＿＿＿＿＿＿＿＿＿＿＿＿＿＿＿＿＿＿＿＿＿＿＿

(2) 最近、特に若い人たちが敬語を使わないと言われています。あなたはその理由は何だと思いますか。（複数回答可）
　　a. 敬語を知らないから
　　b. 周りの友達が使わないから
　　c. 周りに尊敬できる人がいないから
　　d. その他＿＿＿＿＿＿＿＿＿＿＿＿＿＿＿＿＿＿＿＿＿＿＿＿＿＿＿＿

(3) あなたが日頃、言葉遣いで心掛けていることはどんなことですか。（複数回答可）
　　a. 相手や場面に応じて敬語を使う
　　b. 自分が言われて嫌なことを人に言わない
　　c. 汚い言葉や下品な表現は使わない
　　d. 誰に対しても自分から挨拶する
　　e. できるだけ分かりやすい平易な言葉を使う

第8課　留学試験の面接

    f. 他人の話の腰を折らない

    g. 自分の能力や持ち物などを自慢しない

    h. 一応相手の考えを認めた上で、反論する

    i. 大勢で話すときは、話題が適切かどうか、みんなが話に加わり発言の機会に偏りがないかなどに気を配る

    j. 自分の話し方の癖を（説教調、愚痴っぽい、早口など）できるだけ矯正しようとしている

    k. 言葉遣いについて特に心掛けていることはない

（4）どんなときに敬語を使う必要があると思いますか。（複数回答可）

    a. 年上の人と話すとき

    b. 目上の人と話すとき

    c. 知らない人（同年輩又は年齢が上と思われる人）と話すとき

    d. 尊敬する人と話しているとき

    e. 相手のことを立てたいとき

    f. 人間関係を円滑にしたいとき

    g. 知らない人（明らかに年齢が下と思われる人）と話すとき

    h. 意識的に改まった感じを出したいとき

    i. ものを頼みたいとき

    j. 有利に話を進めたいとき

    k. 上品さを表したいとき

课后学习

1. 记录今天从其他同学那里学到的表达、观点。

_____

_____

_____

_____

2. 学完第8课第3单元，你能够做以下事情。请完成下列表格。

能够读懂介绍传统文化、社会的文章	
能够根据文字资料完成讲演稿	

实力挑战

假如你要参加东西大学的留学面试,你认为老师会提出怎样的问题呢?请你预测老师的问题,做好充分的准备,然后回答录音里的问题。注意要一气呵成哦!

第8課　留学試験の面接

自我検測

文法リスト

- 被动态与被动句（1）
- 被动态与被动句（2）
- お／ごVください〈请求〉
- Nをきっかけに（して）〈契机〉
- ～らしい〈传闻、推测〉

単語帳

ディスカッション　マニュアル　ファーストフード　フリーター　ゼミ
協定　協定校　順番　敬語　掲示板　年々　店長　あちら　同一
視野　制度　知人　面接官　面接　応募　開講　担当　暗記　掲示　議論　緊張
うまい　正しい　いや　逆　変　もう少し　すっかり　なぜ　なるほど
使い分ける　身につける　間違える　あがる　うまくいく

マスター　インターン　クーポン　ロマンチック　スペイン
曲　咳　妻　式典　公式　感銘　印象　全品　教会　地震　白鳥　法隆寺　京料理　記念　作曲
召し上がる　申し込む　ほめる　しかる　建てる　はやる　壊す　割る　泣く

Ⅰ. 文字・词汇・语法

1. 写出下列画线部分汉字的正确读音。

(1) 情報過多の現代社会では、「正しい判断力」が重要だ。
(2) 掲示板にお知らせが貼ってある。
(3) 聖徳太子は隋王朝の文化にすごく興味があったそうです。
(4) 作曲を勉強して、自分の作った曲をピアノで演奏するのが私の夢だ。
(5) 先生の言葉に深い感銘を受けた。
(6) よいリーダになるには、まず部下の気持ちをよく理解することだ。
(7) 王さんのやさしい笑顔が印象的だ。
(8) 山頂には登山者のために避難小屋が建てられている。
(9) オヤジが体を壊してからはオレが店を任されています。
(10) この絵は左右が逆になっている。

(1)	(2)
(3)	(4)
(5)	(6)
(7)	(8)
(9)	(10)

2. 将下列画线部分的假名改写成汉字。

(1) きんちょうして、声が出なかった。
(2) 広告を出した次の日から、おうぼの電話がたくさん来た。
(3) 単語をアルファベッドのじゅんばんに並べてください。
(4) めんせつでは自分の長所や能力をわかりやすくアピールしましょう。
(5) 教科書の編集をたんとうしています。
(6) 留学生との交流で視野をひろげることができました。
(7) 創立100周年の記念しきてんが盛大に開かれた。
(8) 皿を落としてわってしまった。
(9) 表と裏をまちがえないでくださいね。
(10) この言葉、ただしく発音できますか。

(1)	(2)
(3)	(4)
(5)	(6)
(7)	(8)
(9)	(10)

第8課　留学試験の面接

3. 从a～d中选择正确答案。

(1) よくマクドナルドなどの＿＿＿の店で食べます。
　　a. ファーストフード　　　b. ディスカッション
　　c. ネックレス　　　　　　d. スモッグ

(2) 12月は一年のなかでいちばん華やかで＿＿＿です。
　　a. フリーター　　　　　　b. ロマンチック
　　c. プラスチック　　　　　d. メニュー

(3) カメラの＿＿＿は、PDF形式でダウンロードできます。
　　a. マニュアル　　　　　　b. デラックス
　　c. ツーリスト　　　　　　d. カルチャー

(4) 良い生活習慣を＿＿＿ことが大切です。
　　a. 心につける　b. 気をつける　c. 体につける　d. 身につける

(5) 現実はなかなかうまく＿＿＿。
　　a. しない　　b. こない　　c. いかない　　d. みない

(6) 毎日会社に行かなくてもいいから、＿＿＿です。
　　a. がく　　　b. らく　　　c. なま　　　d. せわ

(7) すみません、あと10分でできますから、＿＿＿待っていてください。
　　a. なるほど　　b. たいへん　　c. もう少し　　d. もういちど

(8) フランス語の発音は＿＿＿難しいそうですよ。
　　a. すぐ　　　b. ただし　　c. けっこう　　d. できるだけ

(9) あの頃は苦いコーヒーを＿＿＿。
　　a. このんでいた　　　　　b. すんでいた
　　c. こわしていた　　　　　d. まなんでいた

(10) 人前で＿＿＿しまって、用意していたことが言えなかった。
　　a. おちて　　b. のぼって　　c. あがって　　d. あげて

4. 在下列（　）里填入适当的助词。每个（　）填一个假名。

(1) 政府は義務教育（　）力を入れています。
(2) 元気（　）出してください。
(3) パスワード（　）間違えて登録できなかった。
(4) 日本語の勉強（　）、何が難しいですか。
(5) 僕は将来貿易（　）関係する仕事をしたい。

(6) 先月、大学（　　）マラソン大会がありました。
(7) 友達（　　）頼まれて、日本酒を買って来ました。
(8) 野菜は体にいいと頭（　　）（　　）分かっていますが、食べたくないです。
(9) アモイ大学（　　）決めたのは、温暖な地域で暮らしたかったからです。
(10) 相手が先生（　　）友達（　　）によって言葉を使い分ける。

5. 用被动方式表达下列意思。

(1) 夜中に友達から電話がかかってきた。迷惑でした。

(2) 私はへんなことを言ってしまいました。みんな笑いました。

(3) 私は大切な花瓶を壊してしまいました。母が私をしかりました。

(4) 先生は佐藤さんの名前を間違えました。

(5) 初デートの途中で相手が帰ってしまった。

(6) １週間も雨が降りました。海には行けませんでした。

(7) 妹にケーキを残しておいた。誰かがそのケーキを食べてしまいました。

(8) 友達が私の日記を読みました。恥ずかしい。

(9) 私はひどいことを言いました。友達が怒りました。

(10) 大勢の人がこの雑誌を読んでいます。

6. 正确排列a～d的顺序，并选择最适合填入　★　的部分。

(1) 将来、日本の＿＿＿　＿＿＿　＿＿＿　★　をしたいです。
　　　a.ポップカルチャーに　b.仕事　　　　　c.関係の　　　　d.ある
(2) ＿＿＿　＿＿＿　＿＿＿　★　、うれしかった。
　　　a.鑑賞会に　　　　b.招待されて　　　c.映画の　　　　d.美穂さんに

第8課　留学試験の面接

(3) 趙さんと____　____　____　★　、彼女の友だちとも仲良くなった。
　　 a. なった　　　b. きっかけに　　c. のを　　　　d. 学習パートナーに

(4) 君にそう言われた____、____　____　★　。
　　 a. じゃないか　b. から　　　　　c. 来たん　　d. ここに

(5) 新しいビルは中国人　★　____　____　____そうだ。
　　 a. によって　　b. 建築家　　　　c. 設計　　　d. された

(6) 北京ダックと____、____　★　____のではないかと思う
　　 a. いない　　　b. 言ったら　　　c. 知らない　d. 人は

7. 在以下 a、b 两个网络论坛上留下你的帖子。并作为楼主在 c 论坛发出你的帖子，请感兴趣的同学回复。

a. ダイエット、美容、美容整形についてどう思いますか。

例：整形して、外見とともに中身も良くなれば自信になると思います。ただし、お付き合いをする恋人には正直に整形したことを言ってほしいですね。また、その恋人もそれをわかってあげてほしいと思います。

b. 私は一人でいることが好きです。一人で好きなことに没頭し、誰にも気を遣わなくてもいい自分一人の時間を大切にできるからです。食事や買い物、映画館やカラオケなどへも一人で行きますので一人で行動することを全く苦に感じません。しかし、この社会で生きている以上、人と関わらなければなりませんし、大学生のうちは問題がなくても、就職したら、何でも一人で行動するわけにはいきません。将来のために今から積極的に人と関わったほうがいいのでしょうか。みなさんのご意見を聞かせてください。

c. _____。

II. 听力

1. 听录音，选择正确答案。

(1) ____　(2) ____　(3) ____　(4) ____　(5) ____

2. 听录音，仿照例子选择原因和结果。

例：原因・理由（e）　　結果（c）

(1) 原因・理由（　　）　結果（　　）

（2）原因・理由（　　）　結果（　　）
（3）原因・理由（　　）　結果（　　）
（4）原因・理由（　　）　結果（　　）

a. 雨　　　　　b. 耳が痛い　　　c. けがをする　　　d. たくさんの仕事
e. ボール　　　f. タバコ　　　　g. うるさい音楽　　h. 気分が悪い
i. 帰れない　　j. けがをする　　k. 風邪を引く

Ⅲ. 阅读

阅读下列文章，根据内容回答问题。

民法の改正により2022年4月から成人年齢が20歳から18歳に引き下げられました。

変わること （18歳になったらできるようになること）	変わらないこと （20歳にならないとできないこと）
○ さまざまな契約が保護者の同意なしで可能（クレジットカード、携帯電話、ローンなど） ○ 有効期限10年のパスポートの取得 ○ 性同一障害の人の性別変更の申し立て ○ 公認会計士、司法書士などの資格取得 ○ 裁判員への選出 ○ 女性の結婚できる年齢の引き上げ（16歳から18歳へ）	○ 飲酒や喫煙 ○ 競馬や競輪などの4つの公営ギャンブル ○ 国民年金への加入義務

　大きな変更点の1つは、18歳になったら1人で契約できるようになることです。

　例えば、親などの同意がなくてもクレジットカードを作ったり、携帯電話を契約したりできるようになります。

　車を買いたい、1人暮らしをしたいと思えば、ローンを組んだり、アパートの契約をしたりすることも法律上は可能になります。

　さらに、医師や公認会計士、司法書士などの資格を得られる年齢も、18歳からに引き下げられます。

　ただ、医師については6年間学ぶ必要がある大学の医学部を修了しないと国家試験を受験できないため、現実的には18歳で資格を得るのは難しいとされています。

　また、裁判員に選ばれるようになる年齢も20歳から18歳に引き下げられます。

　2022年の候補者にはすでに通知が発送されているため実際に18歳以上の人が選ばれるようになるのは2023年以降だということです。

　一方、18歳に引き上げられるのは、女性が結婚できる年齢です。これまでは16歳でし

第8課　留学試験の面接

たが、男性と同じ18歳となります。
　しかし成人年齢が引き下げられても、これまで20歳なってようやく認められてきたことが、すべて18歳でできるようになるわけではありません。
　飲酒や喫煙はこれまで通り、20歳未満は禁止されます。
　競馬や競輪などの４つの公営ギャンブルもこれまで通り20歳未満は禁止です。
　国民年金に加入する義務が生じる年齢も20歳以上のままです。

問題　2022年４月以降について文章の内容に当てはまるものに○を、当てはまらないものに×をつけてください。

(1) 2022年４月までは18歳の人が携帯電話の契約をするときに親の同意が必要だった。
(2) 2022年４月から20歳にならなければクレジットカードを作ることができない。
(3) 2022年４月以降は18歳で医師の資格を取れる人が増えるに違いない。
(4) 2022の裁判員候補者に18歳の人もいる。
(5) 2022年４月から男性と女性の結婚できる年齢が同じになった。
(6) 2022年４月から18歳になればお酒を飲むことができるようになる。
(7) 20歳にならなければ競馬をすることができない。
(8) 2022年４月から18歳以上の人には国民年金に加入する義務がある。

第9課　ゴールデンウイーク

 高橋さんの一時帰国

课前学习

1. 听录音，给汉字注音，并熟读这些单词。

(1) 娘　　(2) 航空　　(3) 航空券　　(4) 毎年　　(5) 一時

(6) 時期　　(7) 受験　　(8) 会釈　　(9) 笑う　　(10) 取る

2. 仔细观察、体会「Ｖる／Ｖている／Ｖた／Ｖていたところだ」的意义和用法。

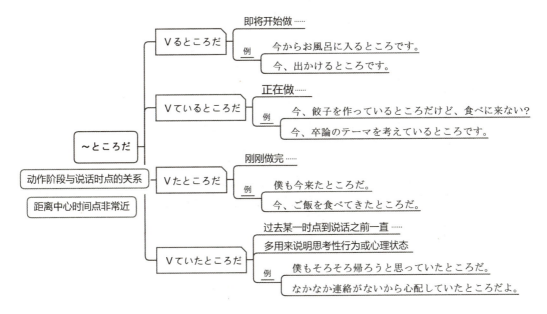

第9課　ゴールデンウイーク

3. 仔细观察使动态的形式。

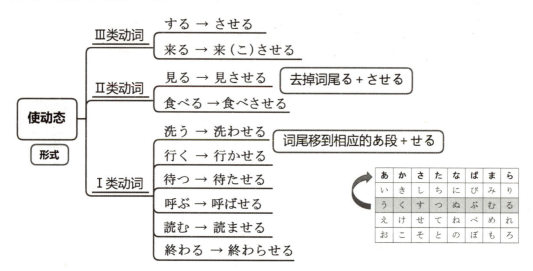

4. 仔细观察、体会使动态与使动句的意义和用法。

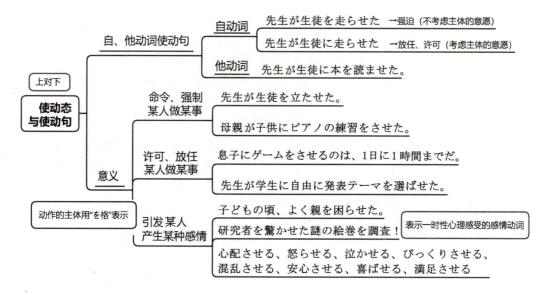

5. 仔细观察、体会"使动态＋授受动词"的意义和用法。

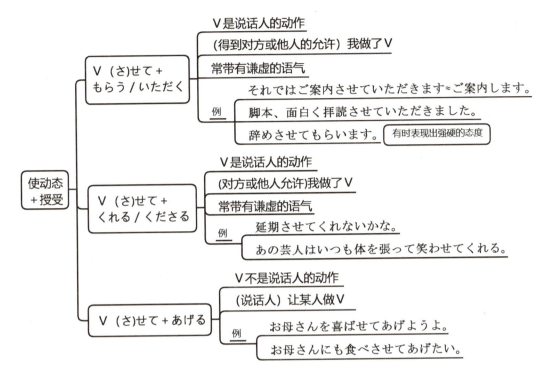

6. 仔细观察、体会「～みたいだ」的意义和用法。

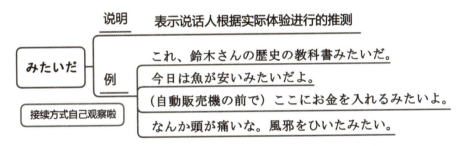

7. 仔细观察、体会「～ば～ほど」的意义和用法。

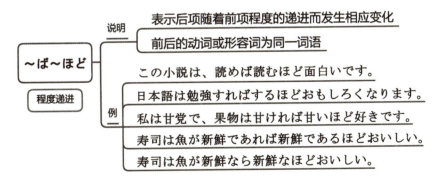

第9課　ゴールデンウイーク

课后学习

1. 记录今天从其他同学那里学到的表达、观点。

   _____
   _____
   _____
   _____

2. 学完第9课第1单元，你能够做以下事情。请完成下列表格。

能够准确描述动作的时间	
强制、许可、放任对方做某事	
能够表示使人引发某种感情	
能够表示程度递进	
能够表示推测	

3. 对照本单元的学习目标，检测一下自己是否达标了。

学习目标	例句	达标情况
Vる／Vている／Vた／Vていたところだ〈动作阶段与说话时点的关系〉		
使动态与使动句		
～ば～ほど〈程度递进〉		
～みたいだ〈推测〉		
V（ら）れた／Vることができた／Nできた〈最终实现〉		

ユニット2　日本のゴールデンウイーク

课前学习

1. 听录音，给汉字注音，并熟读这些单词。

   (1) 花嫁　　(2) 花嫁姿　　(3) 緊張　　(4) 半年　　(5) お祝い
   (6) 親孝行　(7) 無事　　　(8) 挙げる　 (9) 拭く

2. 仔细观察使动被动态的形式。

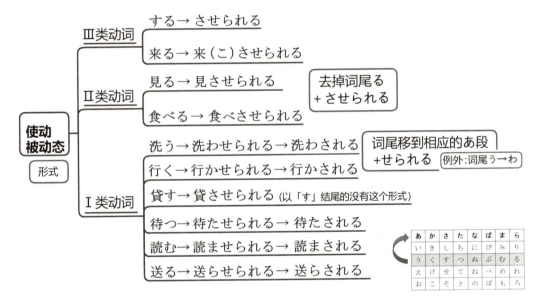

3. 仔细观察、体会使动被动句的意义和用法。

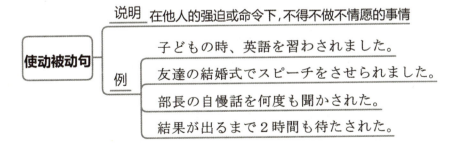

4. 仔细观察、体会「Vながら」的意义和用法。

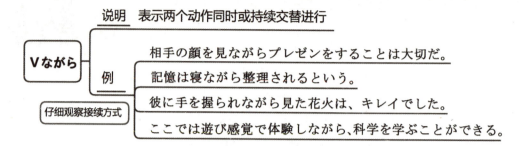

5. 仔细观察、体会「Vたばかりだ」的意义和用法。

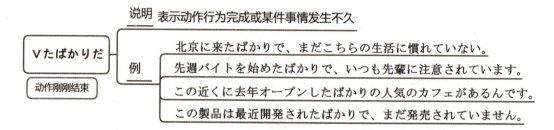

6. 仔细观察、体会「～ようだ」的意义和用法。

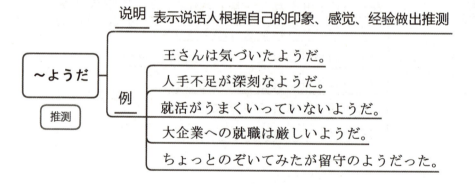

7. 仔细观察、体会「Nとも」的意义和用法。

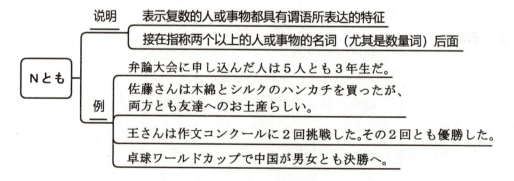

课后学习

1. 记录今天从其他同学那里学到的表达、观点。

   _____
   _____
   _____
   _____

2. 学完第9课第2单元，你能够做以下事情。请完成下列表格。

能叙述同时进行的两个动作	
能够表达不情愿的心情	

3. 对照本单元的学习目标，检测一下自己是否达标了。

学习目标	例句	达标情况
使动被动态与使动被动句		
Vながら〈同时〉		
Vたばかりだ〈动作刚刚结束〉		
〜ようだ〈推测〉		
Nとも〈相同〉		

第9課　ゴールデンウイーク

3　Uターン就職（東西大学学生新聞）

课前学习

1. 听录音，给汉字注音，并熟读这些单词。

(1) 能力　　(2) 質　　(3) 量　　(4) 就活　　(5) 日程　　(6) 戦線
(7) 前者　　(8) 後者　　(9) 業界　　(10) 職種　　(11) 要項　　(12) 都会
(13) 希望　　(14) 募集　　(15) 採用　　(16) 入手　　(17) 活性化　　(18) 内定
(19) 選考　　(20) 上京　　(21) 新鮮　　(22) 首都圏　　(23) 筆記試験

2. 推测以下外来词的意思。

(1) メリット　　(2) デメリット　　(3) チャンス　　(4) コンクール
(5) プラン　　(6) レシート　　(7) ハイキング　　(8) スイーツ
(9) クオリティ　　(10) エントリー　　(11) タイムサービス　　(12) インターンシップ
(13) ウィンター　　(14) オータム　　(15) タイム　　(16) マーボードーフ

3. 仔细观察、体会「～のではないだろうか」的意义和用法。

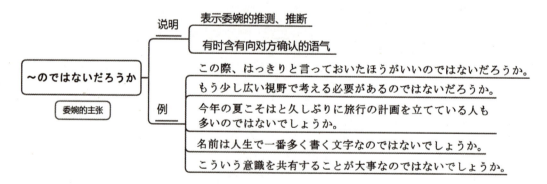

4. 仔细观察、体会「VたN」的意义和用法。

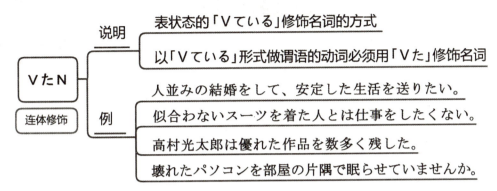

课后学习

1. 记录今天从其他同学那里学到的表达、观点。

_____
_____
_____
_____

2. 学完第9课第3单元，你能够做以下事情。请完成下列表格。

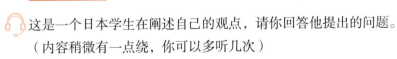

3. 对照本单元的学习目标，检测一下自己是否达标了。

〜のではないだろうか〈委婉的主张〉	
VたN〈连体修饰〉	

实力挑战

这是一个日本学生在阐述自己的观点，请你回答他提出的问题。
（内容稍微有一点绕，你可以多听几次）

第9課　ゴールデンウイーク

自我检测

文法リスト

- ○ 使动态与使动句
- ○ ～みたいだ＜推測＞
- ○ Ｖながら＜同時＞
- ○ Ｎとも＜相同＞
- ○ ～のではないだろうか＜委婉的主張＞
- ○ 使动被动态与使动被动句
- ○ ～ようだ＜推測＞
- ○ Ｖたばかりだ＜動作刚刚结束＞
- ○ ～ば～ほど＜程度递进＞
- ○ ＶたＮ＜連体修飾＞
- ○ Ｖるところだ／Ｖているところだ／Ｖたところだ／Ｖていたところだ＜动作阶段与说话时点的关系＞
- ○ Ｖ（ら）れた／Ｖることができた／Ｎできた＜最终实现＞

単語帳

キャンセル　エントリー　インターシップ　オータム　ウィンター　メリット
航空券　航空　ところ　毎年　一時　時期　娘　花嫁姿　花嫁　お祝い　半年　戦線
数年　前者　後者　質　量　就活　能力　業界　職種　日程　要項　都会　首都圏
筆記試験　会釈　受験　希望　上京　入手　活性化　内定　内々定　筆記　採用
選考　募集　親孝行　笑う　取る　挙げる　拭く
やっと　無事　のんびり　ゆったり　新鮮　かえって　内々　-圏　-課　-割り
いわゆる

プラン　ハイキング　マーボードーフ　コンクール　チャンス　スイーツ　クオリティ
レシート　タイムサービス　タイム　NG　デメリット
やりがい　憧れ　始発　木綿　両方　物価　野菜サンド　小計　領収書　消費税
預かり　お釣り　現金　値引き　毎度　和菓子　瞳　観点　割合　こだわり
煙　感動　試作　使役　検査　出張　発売　営業　安定　指定　領収　合計
深い　自然　具体的　次々
占める　優れる　生み出す　とがる　澄む　言い直す

Ⅰ. 文字・词汇・语法

1. 写出下列画线部分汉字的正确读音。

(1) 大学のホームページから授業の情報が入手できる。
(2) ITを活用した中小企業の活性化が進んでいる。
(3) 産地直送の市場で新鮮な野菜や果物をゲットした。
(4) 地方から東京に来て働いている若者が年々増えているようだ。
(5) 母と二人で暮らしています。
(6) おばあさんに花嫁姿を見せたかった。
(7) ご意見、ご希望をお聞かせください。
(8) おかげさまで手術は無事に成功しました。
(9) それでは最新バージョンの特徴を紹介します。
(10) 今のうちに親孝行しておかないといけない。

(1)	(2)
(3)	(4)
(5)	(6)
(7)	(8)
(9)	(10)

2. 将下列画线部分假名改写成汉字。

(1) 将来、とかいで暮らしてみたい。
(2) 人口に占める農家のわりあいが年々減ってきている。
(3) 面接だけでなくひっきしけんも自宅のパソコンで受けました。
(4) その澄んだひとみがお母さんにそっくりだ。
(5) そのゲームは28日にはつばいされる予定です。
(6) じゅけん勉強で忙しい。
(7) すぐれたAIは、人間と同等の判断力を持っているらしい。
(8) 建築の仕事は昔からのあこがれだった。
(9) この資料からはぐたいてきなプランが見えてこない。
(10) 新商品の販売はいちじ中止することになりました。

(1)	(2)
(3)	(4)
(5)	(6)
(7)	(8)
(9)	(10)

3. 从 a～d 中选择正确答案。

(1) インターネットの＿＿＿は、最新の情報を手に入れられることです。
　　a. メリット　　　b. デメリット　　　c. キャンセル　　　d. コンクール

第9課　ゴールデンウイーク

(2) あとで＿＿からお電話します。
　　a. これ　　　b. それ　　　c. こちら　　　d. そちら
(3) 今年は英語圏への留学を＿＿する学生が多いようだ。
　　a. 希望　　　b. 募集　　　c. 願望　　　d. 展望
(4) 日曜日は仕事を忘れて、＿＿と過ごしたい。
　　a. うっかり　　　b. のんびり　　　c. けっこう　　　d. まっすぐ
(5) 親のほうが＿＿子供に教えられるということは、珍しくない。
　　a. かえって　　　b. あんまり　　　c. 思いきって　　　d. うっかり
(6) 遠い海を眺めながら、＿＿した春の一日を過ごした。
　　a. ぐったり　　　b. ゆったり　　　c. さっぱり　　　d. あっさり
(7) 一時はどうなることかと心配したが、＿＿円満に解決した。
　　a. そっと　　　b. きっと　　　c. ずっと　　　d. やっと
(8) ＿＿ふるさとに一日も早く帰りたい。
　　a. ただしい　　　b. なつかしい　　　c. よろしい　　　d. はげしい
(9) 私は明るい色より＿＿色のほうが好きです。
　　a. おくれた　　　b. おちついた　　　c. おしんだ　　　d. かたづけた
(10) 海の見える部屋を＿＿ことができました。
　　a. くる　　　b. しめる　　　c. とる　　　d. 約束する

4. 从a～d中选择正确答案。

(1) 勉強すればする＿＿知らないことが多くなっていくような気がする。
　　a. ごろ　　　b. ほど　　　c. まで　　　d. くらい
(2) 傷が思ったより浅かったから、骨は大丈夫な＿＿。
　　a. らしい　　　b. ようだ　　　c. だろう　　　d. でしょう
(3) 落ち着いた音楽を＿＿ながら勉強したほうが集中できる。
　　a. 聴く　　　b. 聴き　　　c. 聴いて　　　d. 聴いた
(4) まだ＿＿ばかりですから、調査は何もしていません。
　　a. 着く　　　b. 着き　　　c. 着いて　　　d. 着いた
(5) これから家を＿＿ところですから、30分ほどしたら着くと思います。
　　a. 出る　　　b. 出て　　　c. 出ている　　　d. 出た
(6) 昨日タバコを吸っている＿＿を父に見つかってしまった。
　　a. もの　　　b. こと　　　c. ところ　　　d. わけ

(7) あ、そうだ。李さんから伝言を頼まれていたのを、うっかり____ところでした。
　　a. 忘れる　　　b. 忘れて　　　　　c. 忘れている　　　d. 忘れた
(8) 娘は3人____菅田さんの大ファンだ。
　　a. とも　　　　b. ぐらい　　　　　c. では　　　　　　d. でも
(9) 覚え____暗証番号だとなかなか覚えられません。
　　a. やすい　　　b. にくい　　　　　c. はじめる　　　　d. おわる
(10) 駅で押されて、階段から____そうになった。
　　a. 落ちる　　　b. 落ち　　　　　　c. 落ちて　　　　　d. 落ちた

5. 从 a～d 中选择一个与画线句子意思最相近的句子。

(1) 家に帰ると、妻が買い物に出かけるところだった。
　　a. 家に帰ったとき、妻は買い物に出かけました。
　　b. 家に帰ったとき、妻は買い物に出かけて行きました。
　　c. 家に帰ったとき、妻は買い物に出かけたばかりでした。
　　d. 家に帰ったとき、妻はまだ買い物に出かけていませんでした。
(2) 駅から遠くなればなるほど家賃が安くなる。
　　a. 駅から遠いほうの家は近いほうより家賃が安い。
　　b. 駅から遠いほうの家は近いほうより家賃が高い。
　　c. 駅から近いほうの家は遠いほうより家賃が安い。
　　d. 駅から遠いほうも近いほうも家賃は同じだ。
(3) 新曲の発売を楽しみにしてね。
　　a. 新曲の発売を楽しみにしています。
　　b. 新曲の発売を楽しみにしていました。
　　c. 新曲の発売を楽しみにしてください。
　　d. 新曲の発売を楽しみにしないでください。
(4) 親の生活習慣は子供に影響を与えます。
　　a. 子供の生活習慣は親に影響されます。
　　b. 子供の生活習慣は親に影響されません。
　　c. 親の生活習慣は子供に影響されます。
　　d. 親の生活習慣は子供に影響されません。
(5) 両親には素直な気持ちで話しにくい。
　　a. 両親に素直な気持ちで話しています。
　　b. 両親に素直な気持ちで話すことはできます。

第9課　ゴールデンウイーク

c. 両親に素直な気持ちで話すのは難しい。

d. 両親に素直な気持ちで全然話せません。

6. 正確排列 a～d 的順序，并选择最适合填入 ★ 的部分。

(1) 今、遠足の＿＿　＿＿　★　＿＿だ。
   a. ところ　　b. 日を　　　　c. 連絡した　　d. みんなに

(2) 眠りたいと＿＿　★　＿＿、＿＿眠れなくなる。
   a. ほど　　　b. かえって　　c. 思う　　　　d. 思えば

(3) 去年、＿＿　＿＿　★　＿＿はあまり日本語がわからなかった。
   a. ころ　　　b. ばかりの　　c. 日本に　　　d. 来た

(4) フルタイムの仕事がない人、★　＿＿　＿＿　＿＿。
   a. 増えて　　b. フリーターが　c. いる　　　d. いわゆる

(5) ＿＿、＿＿　★　＿＿、これから直接工場に向かう予定です。
   a. 着いた　　b. 空港に　　　c. ところで　　d. 今

(6) 歌は人類 ★　＿＿　＿＿　＿＿ではないでしょうか
   a. 尊い　　　b. 許された　　c. 能力　　　　d. だけに

Ⅱ. 听力

1. 听录音，选择正确答案。

(1)＿＿　(2)＿＿　(3)＿＿　(4)＿＿　(5)＿＿

2. 听录音，选择最佳应答。

(1)＿＿　(2)＿＿　(3)＿＿　(4)＿＿

Ⅲ. 阅读

次はSNSのメリットとデメリットです。他に何かありますか。それぞれ2つ書きましょう。

メリット	デメリット
家族や友達とのつながりが深まった	個人情報流出のリスクがある
新しい友人ができる	不用意な発言などによって炎上することがある
無料で人とつながりを持てる	SNS依存症のリスクがある
あまり連絡を取らない友達でも現状を多少は把握できる	信頼できない間違った情報も拡散される
自由に発信できる	時間を無駄にする
最新の情報をリアルタイムで入手できる	アカウントを乗っ取られてしまうリスクがある
災害時の情報収集ツールとして使える	自分の投稿が他人に誤解されてしまうことがある

文法のまとめ（第7—9課）

语法项目	例句
Vておく〈提前准备〉	レポートを書く前に、まず資料を集めておきます。
Vてある〈客体存续的状态〉	カレンダーに予定が書いてある。
Vることになる〈事态发展的结果〉	日本では、車は左側を走ることになっている。
Vることにする〈決定〉	今日からタバコをやめることにします。
Nなら（ば）〈話題、条件〉	今ならまだ間に合います。
〜らしい〈伝聞、推測〉	王さんは来月帰国するらしいです。
Nみたいだ〈比喻、示例〉	高橋さんはまるで女優みたいだ。 少女漫画みたいな恋をしたい。
〜みたいだ〈推測〉	これ、鈴木さんの歴史の教科書みたいだ。 今日は魚が安いみたいだよ。 なんか頭が痛いな。風邪をひいたみたい。
〜ようだ〈推測〉	王さんは気づいたようだ。
被动态与被动句（1）	友達に誘われて、コンサートに行った。 緑茶は日本でもよく飲まれている。 『故郷』は魯迅によって書かれた。
被动态与被动句（2）	先生に名前を間違えられて、悲しかった。 試験の前に友達に来られて勉強できなかった。
使动态与使动句	先生が生徒を立たせた。 先生は学生に自由に発表テーマを選ばせた。 子供の頃、よく親を困らせた。
使动被动态与使动被动句	部長の自慢話を何度も聞かされた。
Vず〈动作的否定〉	パソコンを使わずにスマホで動画の編集や投稿ができる。
Vる／Vている／Vた／Vていたところだ〈动作阶段与说话时点的关系〉	今から、出かけるところです。 今、卒論のテーマを考えているところです。 僕も今来たところだ。 僕もそろそろ帰ろうと思っていたところだ。
V（ら）れた／Vることができた／Nできた〈最终实现〉	3回目でやっと試験に合格できた。

文法のまとめ（第7—9課）

（续表）

语法项目	例句
Vたばかりだ〈动作刚刚结束〉	北京に来たばかりで、まだこちらの生活に慣れていない。
～ば～ほど〈程度递进〉	日本語は勉強すればするほどおもしろくなります。 果物は甘ければ甘いほど好きだ。 魚は新鮮であれば新鮮であるほどおいしい
Vながら〈同时〉	お茶を飲みながらテレビを見ている。
Nとも〈相同〉	弁論大会に申し込んだ人は5人とも3年生だ。
N_1からN_2にかけて〈时间、空间范围〉	これは秋から冬にかけて食べる料理だ。
Nに及ぶ〈达到〉	2時間に及ぶ手術は無事に成功した。
Nをもとに（して）〈题材、基础〉	みんなの意見をもとに計画を立てている。
Nをきっかけに（して）〈契机〉	アニメをきっかけに日本語の勉強を始めた。
Nを通して〈途径、手段〉	SNSを通して中国の魅力を発信している。
疑问词＋Vたらいいか〈询问〉	どの駅で降りたらいいかネットで調べた。
～と言える〈提出主张〉	帰省ラッシュは年末の風物詩だと言える。
～のではないだろうか〈委婉的主张〉	もう少し広い視野で考える必要があるのではないだろうか。
お／ごVください〈请求〉	良いお年をお迎えください。
Nからなる〈构成〉	東西大学は11学部3研究所からなる総合大学です。
VたN〈连体修饰〉	高村光太郎は優れた作品を数多く残した。

第10課　受験

 母からの電話

课前学习

1. 听录音，给汉字注音，并熟读这些单词。

　　（1）同窓会　　（2）直前　　（3）合格　　（4）無理　　（5）進む

2. 仔细观察、体会「Vてくる」的意义和用法。

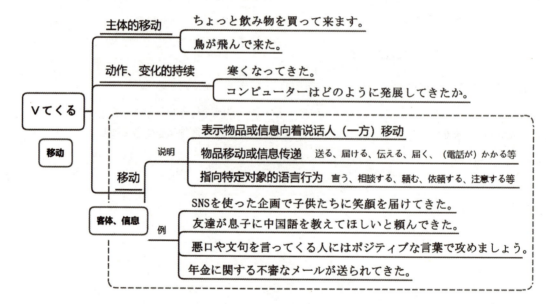

3. 仔细观察、体会动词命令形的意义和用法。

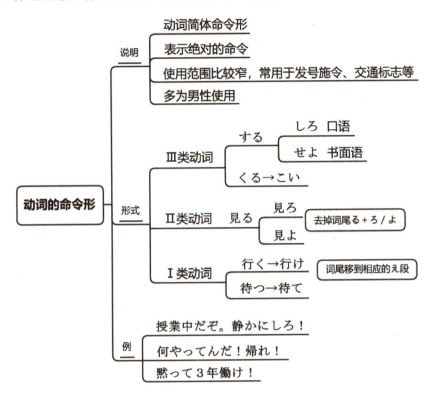

4. 仔细观察、体会动词的禁止形的意义和用法。

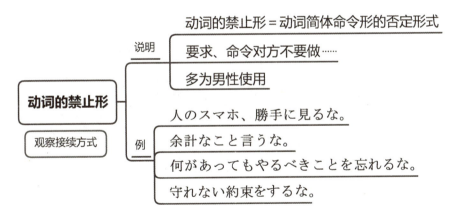

5. 仔细观察标识，体会「Vなさい」的意义和用法。

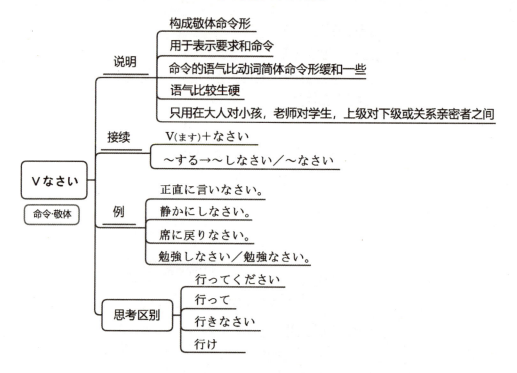

6. 仔细观察、体会日语简体会话的特点。

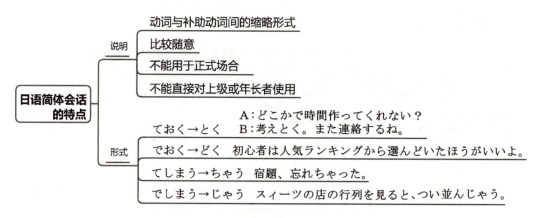

仔细按照以上规则，改写下列句子。

（1）明日使うもの、出しておきましょう。

（2）A：今から1杯飲もうか。お祝いにおごってくださいよ。

　　　B：今日はやめておくよ。だいたい俺がお祝いされるほうなんだからな。

（3）話の構成とか伝え方の注意事項とかまとめてあるから読んでおいで。

（4）高橋さんにも嫌われてしまったみたいだ。

(5) お客さんにこんなことまでさせてしまって。
(6) タダで得した気分になっていつもより多く飲んでしまった。

课后学习

1. 记录今天从其他同学那里学到的表达、观点。

_____
_____
_____
_____

2. 学完第10课第1单元，你能够做以下事情。请完成下列表格。

能理解关系亲近者之间的谈话	
能理解命令、禁止的表达方式	

3. 对照本单元的学习目标，检测一下自己是否达标了。

学习目标	例句	达标情况
Vてくる〈物品、信息的移动〉		
动词的命令形和命令句		
动词的禁止形		
Vなさい〈命令・敬体〉		
A_Iくする／A_{II}にする〈状态、态度〉		
日语简体会话的特点（3）		

第10課　受験

渡辺さんを励ます会

课前学习

1. 听录音，给汉字注音，并熟读这些单词。

（1）上達　　（2）転換　　（3）気分転換　　（4）早速　　（5）滑らか

2. 仔细观察「N_1はN_2ほど〜ない」的意义和用法。

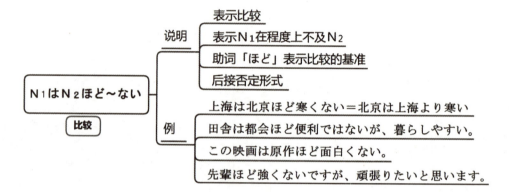

3. 仔细观察、体会「〜なら」的意义和用法。

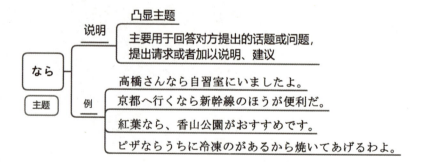

4. 仔细观察、体会「～せいで／～せいだ」的意义和用法。

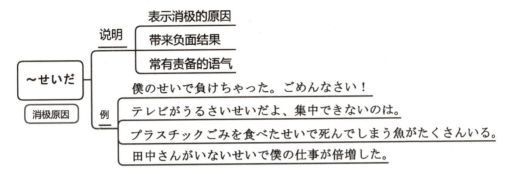

5. 仔细观察、体会「Ｖてしまう」的意义和用法。

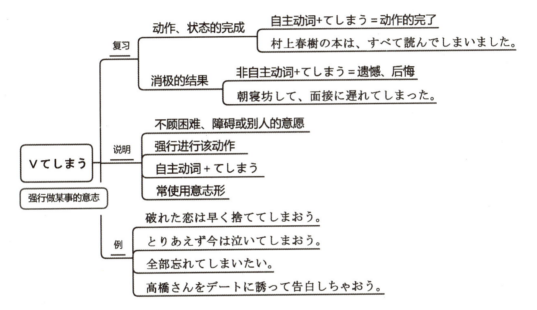

6. 如果你情绪低落，你希望得到怎样的鼓励呢？

○ 私で良ければなんでも聞かせてね／私で良かったら話を聞くからね。
○ いつでも話聞くよ。
○ できることがあったら、何でも言ってね。
○ 何か手伝えることがあったら言ってね。
○ よくやったね。
○ 良く頑張っているよね。
○ 大変だったんだね／つらかったね。
○ 気持ち分かるよ。

第10課　受験

- 泣いていいよ。
- ドンマイ！
- 応援しているよ／いつも応援してるからね。
- ずっと味方だからね。
- ○○ならできる！
- ○○だったら大丈夫だよ。
- そんなの大したことないよ。
- 自分を信じて挑んでくださいね。
- いい日がやってくるよ。
- きっとうまくいくよ！
- 負けないでね！
- 頑張ってね。
- 一緒に頑張ろうよ。
- 頑張らなくていいよ。
- 無理しないでね。
- たまには息抜きしてね。
- 今度おいしいものでも食べに行こう！
- 朝まで飲もう！

课后学习

1. 记录今天从其他同学那里学到的表达、观点。

2. 学完第10课第2单元，你能够做以下事情。请完成下列表格。

能鼓励他人并提出建议	
能够表达自己的决心	

3. 对照本单元的学习目标，检测一下自己是否达标了。

学习目标	例句	达标情况
N_1はN_2ほど～ない〈比较〉		
～なら〈主题〉		
～せいで／～せいだ〈消极原因〉		
Ｖてしまう〈强行做某事的意志〉		

第10課　受験

大学生の悩み（インターネット掲示板）

课前学习

1. 听录音，给汉字注音，并熟读这些单词。

(1) 哲学　　(2) 返信　　(3) 投稿　　(4) 休学
(5) 編入　　(6) 見つかる　(7) 見つめる　(8) 思い切って

2. 仔细观察、体会「Vずに」的意义和用法。

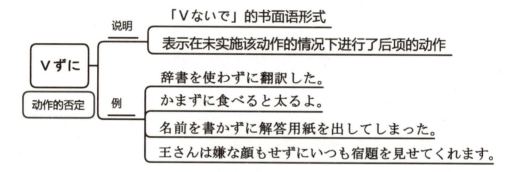

3. 仔细观察、体会「Vるようになる」的意义和用法。

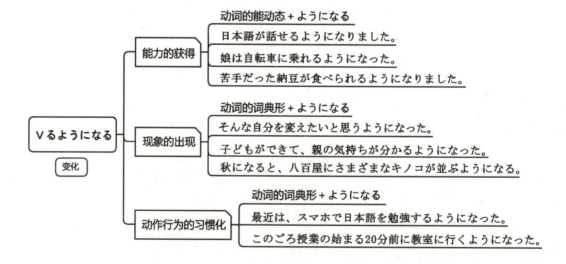

4. 仔细观察、体会「Vるには」的意义和用法。

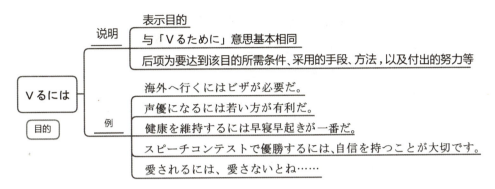

5. 仔细观察、体会「～ような気がする」的意义和用法。

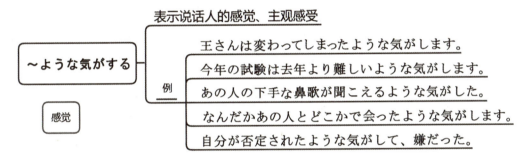

6. 仔细观察、体会非自主动词表示"可能"的意义和用法。

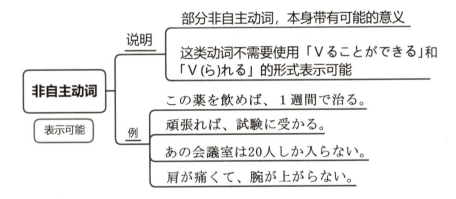

第10課　受験

7. 仔细观察、体会「やる」的意义和用法。

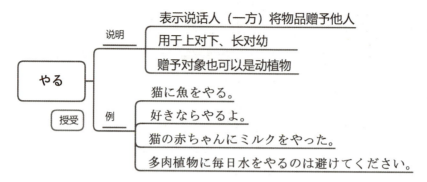

8. 仔细观察、体会「Vてやる」的意义和用法。

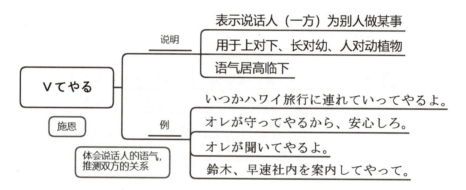

9. 仔细观察、体会「Vるといい」的意义和用法。

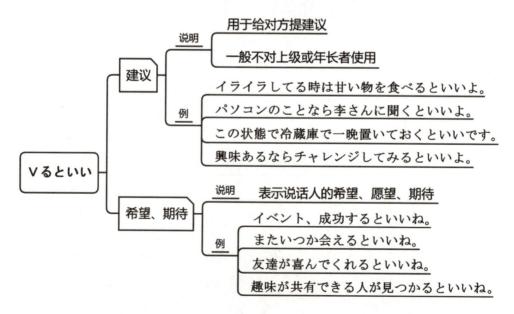

10. 仔细观察、体会「なんか」的意义和用法。

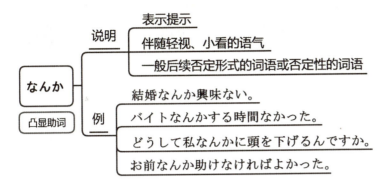

课后学习

1. 记录今天从其他同学那里学到的表达、观点。

2. 学完第10课第3单元，你能够做以下事情。请完成下列表格。

能鼓励他人并提出建议	
能谈论要达到目的所必需的条件	
能描述自己及周围的变化	

3. 对照本单元的学习目标，检测一下自己是否达标了。

学习目标	例句	达标情况
Vずに〈动作的否定〉		
Vるようになる〈变化〉		
Vるには〈目的〉		
～ような気がする〈感觉〉		
非自主动词表示"可能"意义		
やる／Vてやる〈施恩〉		
Vるといい〈建议〉		

第 10 課　受験

实力挑战

🎧 这是一个留学生在讲述自己的留学生活。请你翻译成汉语。

自我检测

文法リスト

- 动词的命令形和命令句
- Vなさい〈命令・敬体〉
- Vてくる〈物品、信息的移动〉
- ～なら〈主题〉
- Vるようになる〈变化〉
- N₁はN₂ほど～ない〈比较〉
- Vるには〈目的〉
- Vるといい〈建议〉
- 日语简体会话的特点（3）
- 动词的禁止形
- A₁くする／A₁₁にする〈状态、态度〉
- Vてしまう〈强行做某事的意志〉
- Vずに〈动作的否定〉
- ～ような気がする〈感觉〉
- やる／Vてやる〈授受、受益〉
- ～せいで／～せいだ〈消极原因〉
- 非自主动词表示"可能"意义

単語帳

スランプ　メロディー　バイト
哲学　同窓会　願い　直前　しばらく　お願い
合格　上達　転換　気分転換　投稿　返信　休学　編入　無理
進む　見つかる　見つめる
何だか　なめらか　早速　やっぱり　なんとか　ついていく　思い切って

センス　プラス　ユーモラス　コメント　ワクチン
ゆうべ　課長　長所　本人　自身　性格　正義感　包容力　社交　愛想　感受性
理論　情熱　思いやり　胃　書店　品質　やる気　電気屋　正解　おもちゃ　服
思考　信用　楽観　感受　独創　我慢　誤操作　納得　接種　渋滞　知らせる　真剣
粘り強い　我慢強い　礼儀正しい　さわやか　無邪気　知的　誠実　正直　真面目
素朴　几帳面　慎重　台無し　なんとなく
富む　慰める　ふる　向く　見つかる

第10課　受験

 Ⅰ. 文字・词汇・语法

1. 写出下列画线部分汉字的正确读音。

（1）部長は責任を取って会社をやめた。
（2）私立大学は学費が高い。
（3）来月3日に、同窓会が開かれます。
（4）分からないところはメモ用紙に書いておいてください。
（5）先生に励まされて勉強を続けている。
（6）どうぞご遠慮なく。
（7）発車直前に乗ってきた。
（8）その傷は放っておいても自然に治る。
（9）病気になると誰でも弱気になる。
（10）彼は月に1度雑誌に投稿している。

(1)	(2)
(3)	(4)
(5)	(6)
(7)	(8)
(9)	(10)

2. 将下列画线部分的单词改写成汉字。

（1）彼は何をしてもじょうたつが早い。
（2）私は今学期1日もけっせきしなかった。
（3）生活がゆたかになってきた。
（4）彼女は何かなやみ事があるらしい。
（5）気分てんかんに外へ出た。
（6）このメールアドレスにへんしんしてください。
（7）外国語のたんいは英語と中国語を履修して取得した。
（8）病気のため1年間きゅうがくしたことがある。
（9）ゴールをめざして一生懸命に走りたい。
（10）二人はしんけんにつきあっていたようだ。

(1)	(2)
(3)	(4)
(5)	(6)
(7)	(8)
(9)	(10)

3. 从a～d中选择正确答案。

（1）あそこの店員は＿＿＿がよくて、店もきれいだったからよく行った。
　　　a. 思考　　　b. 愛想　　　c. 遠慮　　　d. 包容
（2）もう遅いかもしれないが、＿＿＿行ってみよう。
　　　a. 一応　　　b. 一発　　　c. 一体　　　d. 一見

(3) 母に＿＿きっと叱られてしまいます。
　　　a. 見つかったら　　b. 見つけたら　　　c. 見つめたら　　d. 見たら
(4) 向こうが文句を言ってきたので、こちらも＿＿やった。
　　　a. 言い合って　　b. 言い返して　　　c. 言いつけて　　d. 言い切って
(5) 夏休みには海へ行って＿＿泳ぎたい。
　　　a. 思いこんで　　b. 思い出して　　　c. 思い切り　　　d. 思いで
(6) あの人はまるで母国語のように、＿＿な口調で中国語を話していました。
　　　a. つややか　　　b. あきらか　　　　c. なめらか　　　d. ゆたか
(7) いろいろ考えたが、＿＿留学することにしました。
　　　a. やっぱり　　　b. はっきり　　　　c. あっさり　　　d. うっかり
(8) この方法で＿＿試してみましょう。
　　　a. けっこう　　　b. さっぱり　　　　c. さすがに　　　d. さっそく
(9) 独学してへんな癖がつくより、学校で基礎から＿＿習ったほうがいい。
　　　a. はっきり　　　b. しっかり　　　　c. まっすぐ　　　d. うっかり
(10) 王さんと話していたら、＿＿少し気分が楽になってきた。
　　　a. ついつい　　　b. やっぱり　　　　c. どんなに　　　d. なんだか

4. 从a～d中选择正确答案。

(1) 会議が始まる前に教室を掃除＿＿なさい。
　　　a. しておき　　　b. してある　　　　c. してい　　　　d. しておく
(2) スマホの＿＿でテレビが売れなくなったという。
　　　a. せい　　　　　b. つもり　　　　　c. とおり　　　　d. はず
(3) 郵便局に行く＿＿、切手を買って来てください。
　　　a. し　　　　　　b. ので　　　　　　c. ため　　　　　d. なら
(4) 村下さんがこの料理を＿＿ので、お誕生日に作ってあげたい。
　　　a. 食べて　　　　b. 食べ　　　　　　c. 食べたい　　　d. 食べたがっている
(5) 歩いていたら、知らない人が話しかけて＿＿。
　　　a. いた　　　　　b. みた　　　　　　c. きた　　　　　d. あった
(6) 事故の＿＿電車は動いていません。
　　　a. ため　　　　　b. から　　　　　　c. ので　　　　　d. で
(7) 親の意見を＿＿仕事をやめたが、新しい仕事がなかなか見つからない。
　　　a. 聞いたら　　　b. 聞かなくて　　　c. 聞かずに　　　d. 聞けば

第10課　受験

(8) 田中さんは渡辺さんほど背が＿＿＿。
　　a. 高いです　　　　　　　　b. 高くありません
　　c. 高かったです　　　　　　d. 高くないでした

(9) スマホをどこかに忘れて＿＿＿みたい。
　　a. おいた　　b. しまった　　c. みた　　d. いった

(10) 今の子供たちは幼稚園から英語を勉強する＿＿＿。
　　a. ようにした　b. ようになった　c. ことになる　d. なった

(11) あと少しで終わりそうだから、今日中に全部やって＿＿＿。
　　a. こうよう　　b. いこう　　c. しまおう　　d. あろう

(12) 一度通販で本を買ったら、定期的にカタログを送って＿＿＿ようになった。
　　a. おく　　b. しまう　　c. みる　　d. くる

(13) 約束の時間に＿＿＿な。
　　a. 遅れる　　b. 遅れ　　c. 遅れて　　d. 遅い

(14) 京都へ＿＿＿、新幹線のほうが便利です。
　　a. 行くと　　b. 行けば　　c. 行ったら　　d. 行くなら

(15) 食べ物で喜ぶ＿＿＿子供じゃないよ。
　　a. ほど　　b. まで　　c. から　　d. には

(16) 敬語を正しく使う＿＿＿、相手のことを考えることが大切です。
　　a. ほど　　b. まで　　c. から　　d. には

5. 在（　）中填上适当的助词。每个（　）填一个假名。不需要助词的地方划×。

(1) 日本語が上手になる（　）（　）、日々の努力が重要だ。
(2) 湖北料理は湖南料理（　）（　）辛くないと思う。
(3) こんな難しい本を1週間（　）読み終えるなんて、無理。
(4) 元気（　）していますか。
(5) 今（　）（　）考えると、あの時がいちばん幸せだった。
(6) 親（　）行けと言われた大学を目指して頑張っていました。
(7) 自分のできること（　）（　）始めてみようか。
(8) 夫婦二人なら2LDK（　）十分だと思います。
(9) タバコ（　）（　）（　）大嫌い。
(10) 泣きたい（　）（　）寂しかった。

自我检测

6. 将（ ）中的词改成适当形式填写在___上。

(1) 子どもの時、父によく「たくさん本を（読む）＿＿＿＿＿＿＿」と言われました。

(2) 蛇を（こわい）＿＿＿＿＿＿＿＿＿人は少なくない。

(3) 明日も学校があるんだから、早く（寝る）＿＿＿＿＿＿＿＿＿＿。

(4) 「禁煙」はたばこを（吸う）＿＿＿＿＿＿＿＿＿という意味です。

(5) 中国語は日本語ほど文法が（複雑だ）＿＿＿＿＿＿＿＿＿＿。

(6) 旅行には、ガイドブックを（持って行く）＿＿＿＿＿＿＿＿＿＿といい。

(7) 切手を（貼る）＿＿＿＿＿＿＿＿＿＿ずに、ハガキを出してしまった。

(8) （調べる）＿＿＿＿＿＿＿＿＿＿結果、私が間違えていることが分かりました。

(9) 日曜日は犬を広い公園で（散歩する）＿＿＿＿＿＿＿ます。

(10) 英語を（習う）＿＿＿＿＿＿＿なら、アメリカかカナダに留学することをすすめたい。

7. 正确排列 a～d 的顺序，并选择最适合填入 ★ 的部分。

(1) このリンゴは＿＿＿ ★ ＿＿＿ ＿＿＿、甘くて大人気です。
　　a. が　　　　　b. ほど　　　　c. あのリンゴ　　　　d. 大きくない

(2) このプロジェクトが＿＿＿ ★ ＿＿＿、＿＿＿必要です。
　　a. うまく　　　b. 皆の力が　　c. には　　　　　　　d. いく

(3) 日本語を勉強するなら、＿＿＿ ★ ＿＿＿、＿＿＿。
　　a. いい　　　　b. 実践的な　　c. テキストを　　　　d. 買うと

(4) 子どもを＿＿＿ ★ ＿＿＿ ＿＿＿は、親として当然のことです。
　　a. こと　　　　b. 褒めて　　　c. あげる　　　　　　d. きちんと

(5) 自分の利益を＿＿＿ ★ ＿＿＿ ＿＿＿すごい勇気が要る。
　　a. 他人を　　　b. 助ける　　　c. 考えずに　　　　　d. なんて

(6) ＿＿＿ ＿＿＿ ★ ＿＿＿います。
　　a. 頑張って　　b. 先輩　　　　c. を　　　　　　　　d. 目指して

(7) ＿＿＿ ★ ＿＿＿ ＿＿＿ので、悩んでいます。
　　a. 速さに　　　b. いけない　　c. 授業の　　　　　　d. ついて

(8) ＿＿＿ ★ ＿＿＿ ＿＿＿送って来ました。
　　a. 姉が　　　　b. ワインを　　c. 住んでいる　　　　d. フランスに

(9) 危ないから、部屋の中で＿＿＿ ＿＿＿ ＿＿＿ ★ 。
　　a. やめなさい　b. 投げる　　　c. ボールを　　　　　d. のは

(10) チャイムが鳴り終わった後＿＿＿ ★ ＿＿＿ ＿＿＿。
　　a. 先生に　　　b. 教室に　　　c. 入って　　　　　　d. 叱られた

第 10 課　受験

II. 听力

1. 听录音，选择正确答案。

(1) ____　(2) ____　(3) ____　(4) ____　(5) ____

2. 听录音，选择正确答案。

(1) ____　(2) ____　(3) ____　(4) ____　(5) ____

a. 明日は６時に出発しますから。
b. いつも心配していますから。
c. 風邪が流行っていますから。
d. もうすぐ試験ですから。
e. 隣の教室で試験をしていますから。

III. 阅读

阅读下列文章，根据内容回答问题。

　　日本にはアニメが好きな若者がたくさんいる。その中には、アニメを見るだけではなく、自分がアニメのキャラクターになりたいと思う人もおり、こういう人が、アニメのキャラクターと同じ服を着る。これを「コスプレ」と言う。コスプレした若者はコスプレのコンテストに参加したり、SNSに自分のコスプレ写真をアップしたりする。

　　私は以前、このようなコスプレのコンテストを見たことがある。みんなアニメのキャラクターと同じような服を着て楽しそうだった。コスプレした若者たちは、彼らに声をかけてくる小さな子供たちと一緒に写真を撮ったり、遊んであげたりもしていた。

　　彼らの親の中には、自分の子供がコスプレすることに反対の人もいる。しかし、「そんな服を着るな」「コスプレをやめろ」と言う前に、一度コスプレコンテストを見に行ったらどうだろうか。彼らの楽しそうな様子や小さな子供と遊んであげている優しい笑顔を見れば、コスプレに対する考えが変わるかもしれない。

問題

(1) 次のa～dの中から、文中の下線部「彼ら」が指しているものを一つ選びなさい。
　　　a. 小さな子供たち
　　　b. コスプレしている若者

c. アニメが好きな若者

　　d. 小さな子供と遊んであげている若者

(2) 次のa～dの中から、本文の内容と合っているのものを一つ選びなさい。

　　a. 私はコスプレのコンテストに参加したことがある。

　　b. 子供たちはコスプレした若者たちが嫌いだ。

　　c. 自分の子供がコスプレすることに賛成しない親もいる。

　　d. コスプレのコンテストはインターネットで開かれる。

第11課　アルバイト

 アルバイト探し

课前学习

1. 听录音，给汉字注音，并熟读这些单词。

(1) 試す　　(2) 世代

2. 仔细观察、体会的「Ｖてほしい／Ｖないでほしい」意义和用法。

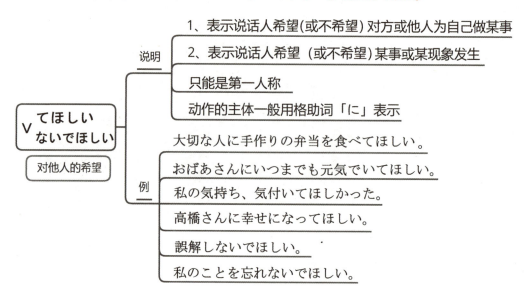

3. 仔细观察、体会「Nさえ～ば」的意义和用法。

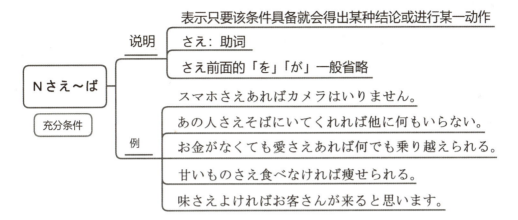

4. 仔细观察、体会「～てしかたがない」的意义和用法。

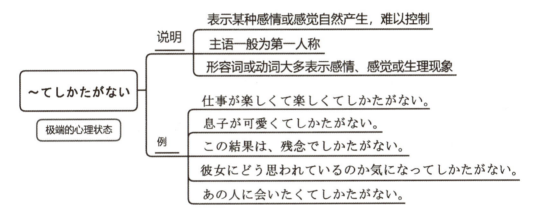

5. 仔细观察、体会「に＜主体＞」的意义和用法。

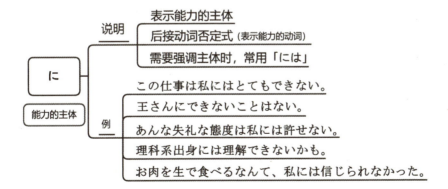

第11課　アルバイト

课后学习

1. 记录今天从其他同学那里学到的表达、观点。

_____

_____

_____

_____

2. 学完第11课第1单元，你能够做以下事情。请完成下列表格。

能列举条件，商量事情。	
能够表示充分条件	
能够表示对他人的希望	

3. 对照本单元的学习目标，检测一下自己是否达标了。

学习目标	例句	达标情况
Vてほしい／Vないでほしい〈对他人的希望〉		
〜てしかたがない〈极端的心理状态〉		
Nさえ〜ば〈充分条件〉		
に〈能力的主体〉		

ユニット2　会社への電話

会社への電話

课前学习

1. 听录音，给汉字注音，并熟读这些单词。

   (1) 人事　　(2) 限る

2. 仔细观察「N／A_Ⅱでいらっしゃる」的意义和用法。

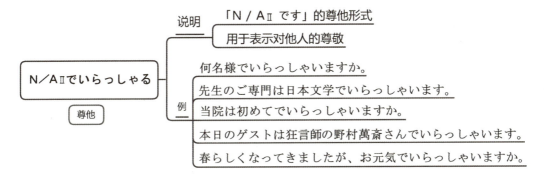

3. 仔细观察、体会「Ｖていらっしゃる」的意义和用法。

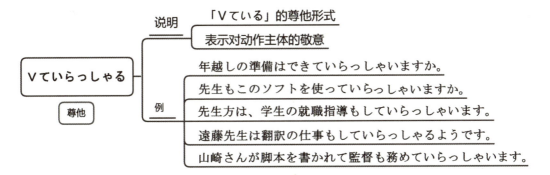

4. 仔细观察、体会「で＜动作主体＞」的意义和用法。

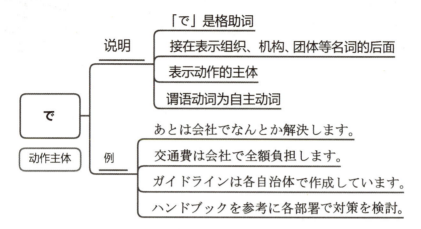

5. 仔细观察、体会「～とは限らない」的意义和用法。

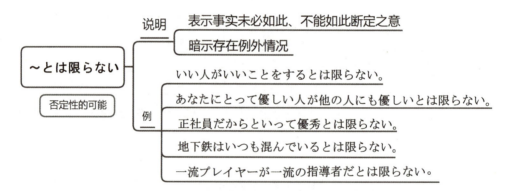

课后学习

1. 记录今天从其他同学那里学到的表达、观点。

_____
_____
_____
_____

2. 学完第11课第2单元，你能够做以下事情。请完成下列表格。

能得体地给未曾谋面的人打电话	
能进行简单的交涉	

3. 对照本单元的学习目标，检测一下自己是否达标了。

学习目标	例句	达标情况
N／A_IIでいらっしゃる〈尊他〉		
Vていらっしゃる〈尊他〉		
で〈动作主体〉		
～とは限らない〈否定性的可能〉		

第11課　アルバイト

今から始める就職活動

课前学习

1. 听录音，给汉字注音，并熟读这些单词。

(1) 意欲　　　(2) 姿勢　　　(3) 中身　　　(4) 外見
(5) 実例　　　(6) 説得力　　(7) 間際　　　(8) 一夜漬け
(9) 身だしなみ　(10) 初志貫徹　(11) 志向　　　(12) 重視
(13) 意識　　　(14) 貫徹　　　(15) 独創的　　(16) 不快
(17) 清潔　　　(18) 自ら　　　(19) 単なる　　(20) 加える
(21) 張る　　　(22) 問う　　　(23) 働きかける　(24) 捉える

2. 仔细观察、体会「～まる／～める」的意义和用法。

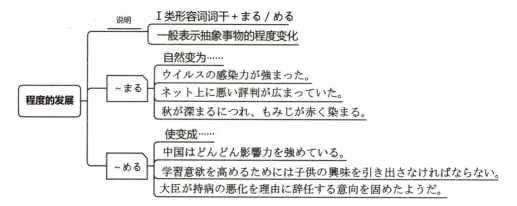

3. 仔细观察、体会「感情形容词＋させる」的意义和用法。

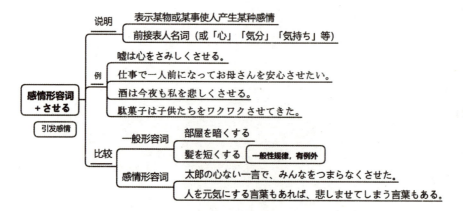

4. 填写以下日语简历。

履　歴　書

　　　　　　　　　　　　　　　　　　　　年　　月　　日現在

ふりがな					
氏　　名					
	年　　月　　日生（満　　歳）		※ 男・女		
ふりがな					電話
現住所　〒					
ふりがな					電話
連絡先　〒　　　　　　　　（現住所以外に連絡を希望する場合のみ記入）					

写真をはる位置
写真をはる必要がある場合
1. 縦　36〜40㎜
　　横　24〜30㎜
2. 本人単身胸から上
3. 裏面のりづけ

年	月	学歴・職歴（各別にまとめて書く）

記入上の注意１．鉛筆以外の黒又は青の筆記具で記入。
　　　　　　２．数字はアラビア数字で、文字はくずさず正確に書く。
　　　　　　３．※印のところは、該当するものを○で囲む。

第11課　アルバイト

年	月	免許・資格

得意科目・専攻科目	趣味・特技

自己PR	クラブ・課外活動・スポーツなど

志望の動機

本人希望記入欄（特に給料・職種・勤務時間・勤務地・その他についての希望などがあれば記入）

保護者（本人が未成年者の場合のみ記入）		電話番号
ふりがな		
氏　名	住　所　〒	

記入例

履　歴　書

令和 6 年　10 月　1 日現在

ふりがな	たかはし　みほ
氏　名	高橋　美穂

平成14 年　2 月　18 日生（満　21　歳）　　※　男・㊛

写真をはる位置

写真をはる必要がある場合
1. 縦　30〜40mm
　　横　24〜30mm
2. 本人単身胸から上
3. 裏面のりづけ

ふりがな	とうきょう　とみなとく　とうざいちょう	電話
現住所　〒 107-6020　東京都港区東西町1-2-3		09012345678

ふりがな		電話
連絡先　〒　　　　　（現住所以外に連絡を希望する場合のみ記入） なし		なし

年	月	学歴・職歴（各別にまとめて書く）
		学歴
平成29 年	04	東京都港区東西高校入学
令和元年	03	東京都港区東西高校卒業
令和元年	04	東西大学入学
令和4 年	03	東西大学卒業
		令和4年（9月）〜令和6年（9月）
		中国京華大学中国語学科に留学
		職歴
		なし

記入上の注意　1. 鉛筆以外の黒又は青の筆記具で記入。　2. 数字はアラビア数字で、文字はくずさず正確に書く。
　　　　　　　3. ※印のところは、該当するものを○で囲む。

第11課　アルバイト

年	月	免許・資格
令和6	9	HSK8級取得

得意科目・専攻科目	趣味・特技
中国に2年間留学していました。中国では通訳や翻訳のアルバイトも経験し、中国語に自信があります。	中国語と演劇
自己PR	クラブ・課外活動・スポーツなど
私は新しい環境にも恐れずに飛び込んでいく行動力があります。2年間の留学を通して友達の輪が広がり、改めて人と関わることの素晴らしさ、人間関係の大切さを学びました。御社でも新しいことにどんどん挑戦し、常に前向きに仕事に取り組むことで、御社に貢献したいと考えています。	中学　　水泳部 高校・大学　　演劇部 大学（中国）　　中国演劇部

志望の動機
以前から御社の製品を愛用しており、もっと多くの人にこの製品の良さを伝えたいと思っていました。今回、御社が中国に進出すると聞き、ぜひ北京で学んだ中国語を生かして、貴社の製品を中国に広めるお手伝いをしたいと思っております。

本人希望記入欄（特に給料・職種・勤務時間・勤務地・その他についての希望などがあれば記入）
日本では東京勤務を希望します。海外では中国勤務を希望します。

保護者（本人が未成年者の場合のみ記入） ふりがな		電話番号
氏　名	住　所　〒	

课后学习

1. 记录今天从其他同学那里学到的表达、观点。

_____
_____
_____
_____

2. 学完第11课第3单元，你能够做以下事情。请完成下列表格。

能关于就业问题表达自己的观点	

3. 对照本单元的学习目标，检测一下自己是否达标了。

学习目标	例句	达标情况
～まる／～める〈程度的发展〉		
感情形容词+させる〈引发感情〉		

实力挑战

 请按照录音的要求完成任务。

第11課　アルバイト

自我検測

文法リスト

- N／A_Ⅱでいらっしゃる〈尊他〉
- Vていらっしゃる〈尊他〉
- に〈能力的主体〉
- で〈動作主体〉
- Nさえ～ば〈充分条件〉
- Vてほしい／Vないでほしい〈対他人的希望〉
- ～てしかたがない〈极端的心理状态〉
- ～とは限らない〈否定性的可能〉
- ～まる／～める〈程度的発展〉
- 感情形容詞＋させる〈引发感情〉

単語帳

アンテナ　キーワー　プラスα　プラス志向
中身　外見　姿勢　意欲　人事　一夜漬け　身だしなみ　わたくし
初志貫徹　初志　実例　説得力　間際　-代
重視　志向　説得　意識　貫徹
独創的　不快　清潔　自ら　単なる
限る　試す　加える　とらえる　張る　働きかける　問う

自治体　光熱費　委員会　役　一言　花粉症　IT　医療　票　生き物　野党　草案
態度　飼い主
作成　指名　交代　反省　有利
干す　示す　気になる
高級　憂鬱　少々

I. 文字・词汇・语法

1. 写出下列画线部分汉字的正确读音。

(1) 語学教育を重視するべきだ。
(2) 徹夜で試験の準備をした。
(3) 彼はゴール間際で追いついた。
(4) 自治体がワクチン接種対象者の把握に追われている。
(5) 外見で人を判断してはいけない。
(6) 将来人事に関する仕事をしたい。
(7) 彼の話には説得力がある。
(8) この絵は独創性に富んでいる。
(9) 一夜漬けではいい成績はとれない。
(10) 台所は清潔にしなければならない。

(1)	(2)
(3)	(4)
(5)	(6)
(7)	(8)
(9)	(10)

2. 将画线部分的假名改写成汉字。

(1) 勉強へのいよくを高める。
(2) 東西新聞社への就職がないていした。
(3) 同じ間違いをしたなんて、はんせいしなさい。
(4) よいしせいを保つことが重要だ。
(5) 応募者の中から5名さいようする予定だ。
(6) 人間はなかみが大切だ。
(7) あの失礼な言い方を思い出すとふかいになる。
(8) 梅雨に入り、ゆううつな気分が続く今日この頃。
(9) この条件では相手方にゆうりだ。
(10) チームは優勝を目標に掲げ、「しょしかんてつ」するため必死に努力した。

(1)	(2)
(3)	(4)
(5)	(6)
(7)	(8)
(9)	(10)

3. 从a～d中选择正确答案。

(1) 3個＿＿＿して10個にする。
　　a. プラス　　b. フランス　　c. ブラシ　　d. ブラウス
(2) 子供たちの＿＿＿学ぶ力を、我々大人はもっと力を入れて育成するべきだ。
　　a. 自ら　　b. 自分に　　c. 自ずから　　d. 自己

第11課　アルバイト

(3) テレビの＿＿を取り付けることはそれほど難しくない。
　　a. アイテム　　b. アンテナ　　c. アンケート　　d. アイディア
(4) 困ったことがあったら、遠慮せずに＿＿言ってください。
　　a. なんとか　　b. なんとなく　　c. なんとも　　d. なんでも
(5) このチャンネルは子供＿＿の番組が多い。
　　a. つき　　b. づれ　　c. むけ　　d. づけ
(6) 周囲の人の気持ちを＿＿すぎると、自分が疲れたり、傷ついたりしてしまう。
　　a. 気があり　　b. 気がつき　　c. 気になり　　d. 気にし
(7) テントを＿＿山の中で一晩過ごしましょう。
　　a. はって　　b. うって　　c. きって　　d. たって
(8) 食をめぐる不祥事に対しての社会の＿＿はますます厳しくなってきている。
　　a. 反省　　b. 反応　　c. 内定　　d. 説得
(9) 「ドラえもんが生物として認められない」理由を＿＿問題が中学入試で出題され、インターネット上で話題になっていた。
　　a. 伺う　　b. 訪ねる　　c. 聞こえる　　d. 問う
(10) 文章の意味を正しく＿＿なければならない。
　　a. かかえ　　b. とらえ　　c. むかえ　　d. うったえ

4. 在下列（　）里填入适当的助词。每个（　）填一个假名。

(1) この展覧会には、たくさんの人（　　）来てほしい。
(2) これはどこに（　　）（　　）あるというようなものではない。
(3) 僕はお金（　　）（　　）（　　）ほしくない。
(4) 鈴木さんは試験の間際にならない（　　）勉強しません。
(5) その噂はあっという間にマンション中（　　）広まってしまった。
(6) 学生のため（　　）なる本は少ない。
(7) 高いからといって、必ずしも品質がよい（　　）（　　）限らない。
(8) 同じ品が他の店より安い（　　）（　　）、この店で買う人はあまりいない。
(9) 簡単な料理なら私（　　）（　　）作れる。
(10) あんなばかな上司の下（　　）働くのは嫌で仕方がなかった。

5. 将（　）中的词改成适当形式填写在＿＿上。

(1) 子供の気持ちは親にも（わかる）＿＿＿＿時がある。

(2) 高級ホテルだから（サービスがいい）＿＿＿＿とは限らない。

(3) 鈴木先生はこの時間ならきっと研究室で実験を（する）＿＿＿＿いるでしょう。

(4) 学生なら（学生らしい）＿＿＿＿しなさい。

(5) これさえ（ある）＿＿＿＿、十分です。

(6) 週末の予定に胸を（ワクワクしている）＿＿＿＿自分に気づいた。。

(7) ベランダを掃除したばかりだから、風が（吹く）＿＿＿＿でほしい。

6. 从 a～d 中选择一个与画线句子意思最相近的句子。

(1) 先生にほめられて、うれしくてしかたがありません。
    a. しかたなく先生にほめられました。
    b. 先生は人をほめるのが好きです。
    c. 先生にほめられたからとてもうれしいです。
    d. 先生にほめられたのはしかたのないことです。

(2) レポートを提出しても合格できるとは限らない。
    a. レポートを提出すれば必ず合格できる。
    b. レポートを提出したら合格できた。
    c. レポートを提出しても絶対に合格できない。
    d. レポートを提出しても合格できない可能性がある。

(3) 先生、明日の授業を休ませていただけないでしょうか。
    a. 先生、明日はお休みになってください。
    b. 先生、明日授業は休みですか。
    c. 先生、明日授業を休んでもいいですか。
    d. 先生、明日授業を休みにしましょう。

(4) 新しいパソコンさえあれば、あとは何もいらない。
    a. 新しいパソコンでさえほしくない。
    b. 新しいパソコンがあるからもうほしくない。
    c. 今ほしいものは新しいパソコンなどです。
    d. 新しいパソコン以外は何もほしくない。

(5) ちょっと手伝ってほしい。
    a. ちょっと手伝ってあげたい。
    b. ちょっと手伝ってあげましょうか。
    c. ちょっと手伝ってもらいたい。
    d. ちょっと手伝ってもらいましょうか。

第11課　アルバイト

7. 正确排列 a～d 的顺序，并选择最适合填入 ★ 的部分。

(1) 日本語を教えている人が＿＿　＿＿　＿＿　★　。
　　a. 日本人だ　　　b. 必ずしも　　　c. とは　　　d. 限らない

(2) かわいがっていた猫が＿＿　＿＿、★　＿＿。
　　a. しまって　　　b. 死んで　　　c. しかたがない　　　d. 悲しくて

(3) 明日の＿＿　＿＿　＿＿　★　している夏休みになる。
　　a. テスト　　　b. 楽しみに　　　c. 終われば　　　d. さえ

(4) 教師としては生徒たちに健康で　★　＿＿　＿＿　＿＿。
　　a. なって　　　b. 人間に　　　c. もらいたい　　　d. 思いやりのある

(5) 李先生は、昔教えた生徒の顔を、★　＿＿　＿＿　＿＿。
　　a. 覚えて　　　b. よく　　　c. ひとりひとり　　　d. いらっしゃいます

(6) 力士は、体が大きい＿＿　★　＿＿　＿＿。
　　a. ほうが　　　b. 限らない　　　c. 有利だ　　　d. とは

8. 用（　）中的表达方式回答下面问题。

(1) あなたは、両親・友だち・先生などに、どんなことをしてほしいですか。
　　「〜てほしい」の形を使って、3つ書きなさい。

(2) あなたは、両親・友だち・先生などに、どんなことをしてほしくないですか。
　　「〜ないでほしい」の形を使って、3つ書きなさい。

9. 上大学后你为了将来的工作做了哪些准备？把你准备的事情写下来。再把你认为自己需要做的事情也写下来。

就職のために、これまでやってきたこと：

(1) ＿＿＿＿＿＿＿＿＿＿＿＿＿＿＿＿＿＿＿＿＿＿＿＿＿＿＿＿＿＿＿＿＿。
(2) ＿＿＿＿＿＿＿＿＿＿＿＿＿＿＿＿＿＿＿＿＿＿＿＿＿＿＿＿＿＿＿＿＿。
(3) ＿＿＿＿＿＿＿＿＿＿＿＿＿＿＿＿＿＿＿＿＿＿＿＿＿＿＿＿＿＿＿＿＿。
(4) ＿＿＿＿＿＿＿＿＿＿＿＿＿＿＿＿＿＿＿＿＿＿＿＿＿＿＿＿＿＿＿＿＿。
(5) ＿＿＿＿＿＿＿＿＿＿＿＿＿＿＿＿＿＿＿＿＿＿＿＿＿＿＿＿＿＿＿＿＿。

就職のために、これからやらなければならないこと：

(1) ＿＿＿＿＿＿＿＿＿＿＿＿＿＿＿＿＿＿＿＿＿＿＿＿＿＿＿＿＿＿＿＿＿＿＿＿＿＿＿。
(2) ＿＿＿＿＿＿＿＿＿＿＿＿＿＿＿＿＿＿＿＿＿＿＿＿＿＿＿＿＿＿＿＿＿＿＿＿＿＿＿。
(3) ＿＿＿＿＿＿＿＿＿＿＿＿＿＿＿＿＿＿＿＿＿＿＿＿＿＿＿＿＿＿＿＿＿＿＿＿＿＿＿。
(4) ＿＿＿＿＿＿＿＿＿＿＿＿＿＿＿＿＿＿＿＿＿＿＿＿＿＿＿＿＿＿＿＿＿＿＿＿＿＿＿。
(5) ＿＿＿＿＿＿＿＿＿＿＿＿＿＿＿＿＿＿＿＿＿＿＿＿＿＿＿＿＿＿＿＿＿＿＿＿＿＿＿。

Ⅱ. 听力

1. 听录音，选择正确答案。

(1) ＿＿＿　　(2) ＿＿＿　　(3) ＿＿＿　　(4) ＿＿＿

2. 听录音，判断正误。

（　　）(1) 陳さんは日本料理クラブの代表の森さんにたまたま会ったので、クラブの活動について教えてもらいました。

（　　）(2) 日本料理クラブは週に２回、木曜日と土曜日に活動しています。

（　　）(3) 毎回参加メンバーは10人に限られています。

（　　）(4) 陳さんは来週の土曜日に市民文化センターに行くことになりました。

3. 听录音，选择最佳应答。

(1) ＿＿＿　　(2) ＿＿＿　　(3) ＿＿＿　　(4) ＿＿＿

第11課　アルバイト

 Ⅲ. 阅读

阅读下面的文章，并根据其内容回答问题。

> **求人情報・通訳募集**
>
> 　20歳から30歳の女性1名。日本語を話せる方（英語も話せるとなお良い）。通訳経験者に限ります。履歴書には写真も貼付してください。また外国語や通訳の資格を持っている人は、必ず履歴書に明記してください。
>
> 　書類審査合格者にはこちらから電話をさしあげ、当社が指定する時間に、当社で面接試験を受けていただきます。
>
> 　本求人に関する質問はメールでお願いします。電話での質問はお受けできませんのでご注意ください。
>
> 　　　　　　　　　　　　　　〒176－0001　東京都東西区1－1－1
> 　　　　　　　　　　　　　　　　　　　　東西会社　人事部　通訳課

問題　この文章の内容に合致しないものをすべて選びなさい。

　　a. 日本語を話せる25歳の女性は応募できます。
　　b. 一次試験に合格したら会社に電話をします。
　　c. 履歴書を送った人すべてに電話がくるとは限りません。
　　d. 求人に関する質問は電話かメールでします。

第12課　旅立ち

ユニット1 先生への挨拶

课前学习

1. 听录音，给汉字注音，并熟读这些单词。

   (1) 旅立ち　　(2) 申し上げる

2. 仔细观察、体会的「お／ごＶです」意义和用法。

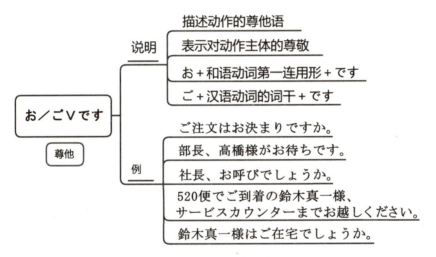

3. 仔细观察、体会「V（ら）れる」的意义和用法。

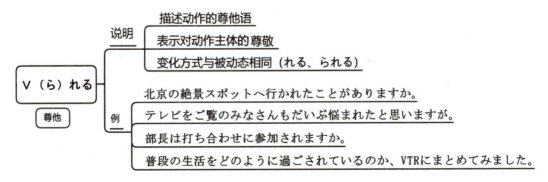

4. 仔细观察、体会「Vていただけませんか」的意义和用法。

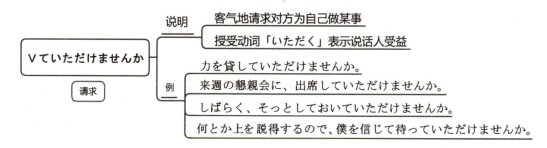

5. 仔细观察、梳理请求的表达方式。你发现什么特点了吗?

一般	比较客气	
Vて。／Vてくれ。		↓ 客气程度逐渐升高 ↓
Vてくれる？	Vてくれない？	
Vてもらえる？	Vてもらえない？	
Vてくれますか？	Vてくれませんか？	
Vてください。	Vてくださらない？	
Vてもらえますか？	Vてもらえませんか？	
Vてくださいますか？	Vてくださいませんか？	
Vていただけますか？	Vていただけませんか？ Vていただけないでしょうか？	

6. 仔细观察、体会复合动词的意义和用法。

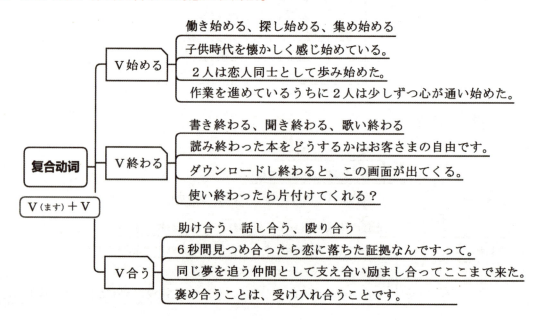

ユニット1　先生への挨拶

课后学习

1. 记录今天从其他同学那里学到的表达、观点。

_____
_____
_____
_____

2. 学完第12课第1单元，你能够做以下事情。请完成下列表格。

能够得体地使用敬语	

3. 对照本单元的学习目标，检测一下自己是否达标了。

学习目标	例句	达标情况
お／ごVです〈尊他〉		
V（ら）れる〈尊他〉		
Vていただけませんか〈客气地请求〉		
Nのところ〈处所化〉		

第12課　旅立ち

 別れ

课前学习

1. 听录音，给汉字注音，并熟读这些单词。

（1）別れ　　（2）歓送会　　（3）角　　（4）取り合う

2. 仔细观察「V（よ）うとする」的意义和用法。

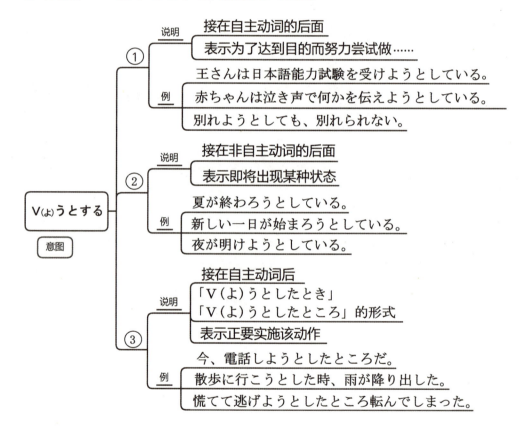

3. 仔细观察、体会「Vている／Vるうちに」的意义和用法。

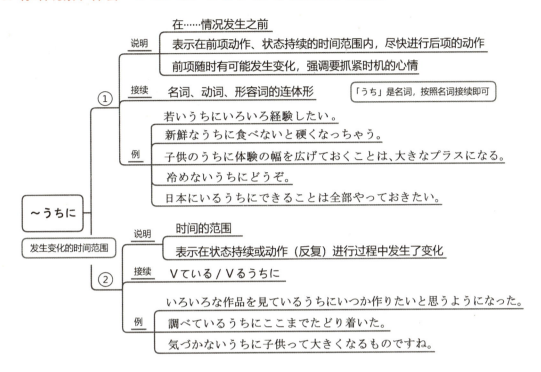

课后学习

1. 记录今天从其他同学那里学到的表达、观点。

_____
_____
_____
_____

2. 学完第12课第2单元，你能够做以下事情。请完成下列表格。

| 能谈论过去发生的事情，并表达自己现在的心情 | |

3. 对照本单元的学习目标，检测一下自己是否达标了。

学习目标	例句	达标情况
V（よ）うとする〈意图〉		
Vている／Vるうちに〈发生变化的时间范围〉		

第 12 課　旅立ち

 3　私と日本語

课前学习

1. 听录音，给汉字注音，并熟读这些单词。

(1) 熱気　　(2) 同士　　(3) 先入観　　(4) 興奮
(5) 共通　　(6) 貴重　　(7) 大いに　　(8) いつの間にか
(9) 恐れる

2. 梳理《综合日语》（第一/二册）主要人物的特点。

人物	特点	印象最深的事
王宇翔		
高桥美穗		
铃木真一		
李东		
赵媛媛		
渡边美咲		
山田香织		
加藤直子		
远藤老师		

3. 写下《综合日语》（第二册）中你印象最深的3个小故事。

课后学习

1. 记录今天从其他同学那里学到的表达、观点。

_____
_____
_____
_____

2. 学完第12课第3单元，你能够做以下事情。请完成下列表格。

谈论自己日语学习的感受	

实力挑战

请按照录音的要求完成任务。

第12課　旅立ち

自我检测

文法リスト

- お／ごVです〈尊他〉
- V（ら）れる〈尊他〉
- Vていただけませんか〈客气地请求〉
- Nのところ〈处所化〉
- V（よ）うとする〈意图〉
- Vている／Vるうちに〈发生变化的时间范围〉

単語帳

旅立ち　別れ　歓送会　熱気　角　先入観　同士
興奮　共通
申し上げる　ぶつかる　取り合う　恐れる
貴重　いつの間にか　大いに
これから　けれども　さよなら

少子　高齢化　賛成
泊まる　知り合う　降り出す
徐々に　だんだん

I . 文字・词汇・语法

1. 写出下列画线部分汉字的正确读音。

(1) 東西高校は野球大会で<u>優勝</u>した。
(2) 高橋さんの成功を祝して<u>乾杯</u>！
(3) 気候は<u>土地</u>によって<u>異</u>なる。
(4) 何度掛けても電話が<u>通</u>じない。
(5) どちらが走るのが速いか<u>競争</u>しよう。
(6) 両者には<u>全然共通点</u>がない。
(7) この仕事なら<u>大</u>いに自信があります。
(8) 「いい日　<u>旅立ち</u>」という歌を知っていますか。
(9) 最初の<u>出会</u>いは去年の８月だった。
(10) 彼は６歳まで田舎で<u>育</u>った。

(1)	(2)
(3)	(4)
(5)	(6)
(7)	(8)
(9)	(10)

2. 将下面画线部分的假名改写成汉字。

(1) 大連での生活が<u>じゅうじつ</u>している。
(2) 思うようにいかないのではないかと<u>おそれ</u>ている。
(3) <u>せんにゅうかん</u>にとらわれるな。
(4) 健康は<u>ざいさん</u>である。
(5) 地震を<u>よち</u>することができます。
(6) <u>わかれ</u>の挨拶をする。
(7) そう<u>こうふん</u>しないで、落ち着きなさい。
(8) <u>きちょう</u>な時間を作っていただきありがとうございました。
(9) そんな<u>しや</u>の狭い考えではだめだ。
(10) 「成功」の反対は「<u>しっぱい</u>」だ。

(1)	(2)
(3)	(4)
(5)	(6)
(7)	(8)
(9)	(10)

3. 从 a～d 中选择正确答案。

(1) 母が先生によろしくと＿＿＿おりました。
　　a. もうして　　　b. おっしゃって　　c. うかがって　　d. つたえて
(2) 朝も夜もそんなに働き＿＿＿と病気になってしまうよ。
　　a. おわる　　　　b. しまう　　　　　c. つづける　　　d. はじめる

第12課　旅立ち

(3) 1時間前に家を出たという連絡があったから、もう＿＿＿着くはずだ。
　　a. そろそろ　　　b. いろいろ　　　c. なかなか　　　d. ますます

(4) ＿＿＿カメラを持って行ったのに、1枚も写真を撮らなかった。
　　a. とにかく　　　b. せっかく　　　c. なるべく　　　d. さっそく

(5) 災害の時、隣近所が助け＿＿＿いるのを見て感動した。
　　a. 会って　　　b. 出して　　　c. 合って　　　d. 出て

(6) 晩ごはんの後、＿＿＿眠ってしまっていた。
　　a. どうして　　　b. なにか　　　c. いまにも　　　d. いつのまにか

(7) 昨日は兄の＿＿＿に泊まりました。
　　a. ところ　　　b. そこ　　　c. ため　　　d. こと

(8) ＿＿＿先どんなことがあるか分からない。
　　a. これから　　　b. それから　　　c. あれから　　　d. どれから

(9) 心からお礼を＿＿＿。
　　a. おっしゃいます　　　　　　b. いらっしゃいます
　　c. 申し上げます　　　　　　　d. うかがっています

(10) 討論会に出た人が多くて全然発言する＿＿＿がなかった。
　　a. チャンネル　　　b. チャンス　　　c. チャレンジ　　　d. チューター

4. 确认下列句子中画线部分「られ」的用法，然后从（1）—（10）中选择与A、B、C句用法相同的句子。

A：楊さんはいつも先生にほめ<u>られ</u>ています。
B：私は納豆は食べ<u>られ</u>ません。
C：先生は毎日何時にお宅を出<u>られ</u>ますか。
（　）(1) 森さんは知らない人から話しかけ<u>られ</u>た。
（　）(2) 部長、お酒をやめ<u>られ</u>たんですか。
（　）(3) 2週間本が借り<u>られ</u>ます。
（　）(4) 社長は毎日9時ごろ会社に来<u>られ</u>ます。
（　）(5) このお寺は江戸時代に建て<u>られ</u>ました。
（　）(6) 母に漫画の本を捨て<u>られ</u>ました。
（　）(7) 質問が難しくて答え<u>られ</u>ませんでした。
（　）(8) 課長がすばらしいお宅を建て<u>られ</u>ました。
（　）(9) この魚はイタリアやスペインでも食べ<u>られ</u>ています。
（　）(10) 熱があるので、明日は学校に来<u>られ</u>ないと思います。

5. 将（ ）里的词改成适当形式填写在＿＿上。

(1) 足にけがをした犬は（立つ）＿＿＿＿＿としたが、立てなかった。

(2) 昨日、イギリスの王女様が京都を（訪問する）＿＿＿＿＿。

(3) すぐには答えられませんので、少し（考える）＿＿＿＿＿いただけませんか。

(4) 柔道を習いたいんですが、いい先生を（紹介する）＿＿＿＿＿いただけませんか。

(5) 赤ちゃんは何でも口に（入れる）＿＿＿＿＿とします。

(6) 雨が急に（降る）＿＿＿＿＿出してきました。

(7) 仕事を（する）＿＿＿＿＿終わってからすぐ行きます。

(8) 若いうちに人生を（楽しむ）＿＿＿＿＿なきゃ。

6. 从 a～d 中选择正确答案。

(1) あなたが何を＿＿としているかわかりません。
  a. 言おう   b. 言う   c. 言った   d. 言わない

(2) A：電話を借りてもいいですか。
  B：はい、どうぞ＿＿。
  a. 使わせてください   b. お使いください
  c. 使わせていただきます   d. お使いいただきます

(3) 先生が＿＿出したら、学生たちは静かになった。
  a. おこる   b. おこり   c. おこって   d. おこった

(4) 先生はお酒を＿＿か。
  a. お飲みます   b. お飲みにします
  c. お飲みになります   d. お飲みします

(5) この村井先生が＿＿本、とてもおもしろいです。
  a. お書きした   b. 書いていただいた
  c. 書いてやった   d. 書かれた

(6) 先月、駅前にできた新しいレストランは値段も＿＿味もいい、と評判だ。
  a. 安いと   b. 安ければ   c. 安いが   d. 安くても

(7) 店員：お客様、はんこは＿＿。
  客：はい、持ってますよ。
  a. お持ちになりますか   b. お持ちですか
  c. お持ちしますか   d. お持ちなさいますか

第12課　旅立ち

(8) 話している＿＿＿彼女は顔が真っ赤になっていった。
　　a. うちに　　　b. たびに　　　c. ところに　　d. ように
(9) 先生はパーティーの時間を＿＿＿か。
　　a. 存じています　　　　　b. 存じております
　　c. ご存じです　　　　　　d. 存じません
(10) 私たちは来週先生のお宅へ＿＿＿。
　　a. 伺います　　　　　　　b. いらっしゃいます
　　c. お出でになります　　　d. 来られます

7. 用敬语形式完成对话。

(1) A：はい、山田電気で＿＿＿＿＿＿＿。
　　B：佐藤と＿＿＿＿＿＿＿が、渡辺さんは＿＿＿＿＿＿＿＿か。
　　A：渡辺はただ今出かけて＿＿＿＿＿＿＿が……。
　　B：何時ごろ＿＿＿＿＿＿＿か。
　　A：5時ごろ戻りますが。
　　B：では、5時ごろもう一度＿＿＿＿＿＿＿。
(2) A：先生は来週の国際会議で何について＿＿＿＿＿＿＿か。
　　B：日本と中国の将来について話します。
(3) A：お仕事は何を＿＿＿＿＿＿＿か。
　　B：小学校の教師です。
(4) お国へ帰られたら、ご家族の皆様によろしく＿＿＿＿＿＿＿。
　　(5) A：課長、あの人を＿＿＿＿＿＿＿か。
　　B：うん、知っているよ。

Ⅱ. 听力

1. 听录音，选择正确答案。

(1) ＿＿＿　(2) ＿＿＿　(3) ＿＿＿　(4) ＿＿＿　(5) ＿＿＿

2. 听录音，从中选择与会话内容有关的图。

(1) _____　　(2) _____　　(3) _____

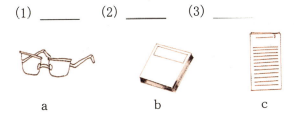

a　　　　　b　　　　　c

3. 听录音，判断正误。

(　) (1) いろいろな人と相談して、大学を辞めてしまいました。
(　) (2) 悩みを聞いてくれた友達と親友になりました。
(　) (3) この1年、楽しいことはなく、辛いことや悲しいことばかりでした。
(　) (4) 今後は前向きに生きていきたい。

Ⅲ. 阅读

阅读下列文章，根据其内容回答问题，并将文章译成汉语。

　　IT（Information Technology）が現代社会のグローバル・コミュニケーションに貢献していると言う人がいる。確かに、近年ITが進歩するにつれて私たちの日常生活、特に人と人とのコミュニケーションのスタイルが変化してきた。

　　ITと言うと、インターネットを思い浮かべる人が多いだろう。インターネットとは、いわば世界中のコンピューター端末の間に構築されたネットワークのことである。インターネット上では、ある地域や社会の人々が文化的・知的財産として所有していた情報や知識が瞬時に国境を越えて伝わっていく。つまり、インターネットの特徴は国境がないということだ。インターネットを通して、私たちは、いつでもどこにいても必要な情報を必要なだけ地球上のどこからでもリアルタイムで入手できるようになった。

　　私たちは、これまでも航空機や国際電話などの新しい交通手段・通信手段が生まれるたびに、地球の大きさについての認識を新たにしてきたが、インターネットの発展により、地球がより一層小さくなった、狭くなったと感じている。

　　インターネットの普及によって、国境が意識されなくなり、地球が狭く感じられるようになると、人と人との間の意思疎通の方法も変容し、その結果、新しい国際社会のコミュニケーション・スタイルが作り出される。

　　インターネットが提供するグローバルな環境は、ともすると、私たちに自分の居場所

第12課　旅立ち

を忘れさせる。インターネットへのアクセスができれば、たとえば、東京の狭いアパートの一室にいながら、次の瞬間には、地球の反対側の生活を仮想体験することもできるのだ。自分の国や社会にいながら、好きなときに、地球の反対側の国や社会のありとあらゆる情報に触れることができる。これは、ある意味で、遠い国が近くなるということだ。

しかし、仮想体験はそれがどれほど本物に近い経験であっても、実体験には及ばない。真の意味で遠い国を近い国にするには、私たちは、実際の物理的空間を、時間をかけて移動し、その国あるいは社会を自分の目で見、耳で聞き、実際に体験するべきだ。インターネット上の仮想体験は、本物の体験を超えることはない。真の国際社会のコミュニケーションは、ITの進歩に加えて、人と人との接触と交流によって実現させるべきである。

問題
　(1) インターネットとは何ですか。
　(2) 新しい交通手段・通信手段が生まれるたびにどうなってきたと言っていますか。
　(3) インターネットは私たちの生活にどんな影響をもたらしましたか。
　(4) 仮想体験について筆者はどう考えていますか。

文法のまとめ(第10－12課)

语法项目	例句
に＜主体＞	この仕事は私にはとても無理です。
で＜动作主体＞	交通費は会社で全額負担します。
～なら＜主题＞	紅葉なら、香山公園がおすすめです。
Vてくる＜客体、信息的移动＞	母から電話がかかってきた。
Vてしまう＜强行做某事的意志＞	全部忘れてしまいたい。
N／A_{II}でいらっしゃる＜尊他＞	何名様でいらっしゃいますか。
お／ごVです＜尊他＞	部長、高橋様がお待ちです。 ご注文はお決まりですか。
V（ら）れる＜尊他＞	部長は打ち合わせに参加されますか。
Vていらっしゃる＜尊他＞	年越しの準備はできていらっしゃいますか。
Vていただけませんか＜客气的请求＞	力を貸していただけませんか。
Vなさい＜命令・敬体＞	正直に言いなさい。
动词的命令形和命令句	授業中だぞ。静かにしろ！
动词的禁止形	人のスマホ、勝手に見るな。
やる／Vてやる＜授受、受益＞	猫に魚をやる。 オレが守ってやるから、安心しろ。
A_Iくする／A_{II}にする＜状态、态度＞	元気にしてた？
N₁はN₂ほど～ない＜比较＞	この映画は原作ほど面白くない。
～せいで／～せいだ＜消极原因＞	僕のせいで負けちゃった。ごめんなさい！
～ような気がする＜感觉＞	なんだかあの人とどこかで会ったような気がします。
V（よ）うとする＜意图＞	王さんは日本語能力試験を受けようとしている。 夏が終わろうとしている。 散歩に行こうとした時、雨が降り出した。
Vるには＜目的＞	海外へ行くにはビザが必要だ。
Vるといい＜建议＞	パソコンのことなら李さんに聞くといいよ。 イベント、成功するといいね。
Vるようになる＜变化＞	日本語が話せるようになりました。 子供ができて、親の気持ちが分かるようになった。 スマホで日本語を勉強するようになった。

文法のまとめ（第10—12課）

（续表）

语法项目	例句
～てしかたがない＜极端的心理状态＞	仕事が楽しくてしかたがない。 この結果は、残念でしかたがない。
Nさえ～ば＜充分条件＞	スマホさえあればカメラはいりません。
Vずに＜动作的否定＞	辞書を使わずに翻訳した。
Vている／Vるうちに＜发生变化的时间范围＞	若いうちにいろいろ経験したい。 新鮮なうちに食べないと硬くなっちゃう。 日本にいるうちにできることは全部やっておきたい。 調べているうちにここまでたどり着いた。
（Nに）Vてほしい／Vないでほしい＜对他人的希望＞	高橋さんに幸せになってほしい。 誤解しないでほしい。
～とは限らない＜否定性的可能＞	正社員だからといって優秀とは限らない。
～まる／～める	ウイルスの感染力が強まった。 中国はどんどん影響力を強めている。
非自主动词表达"可能"意义	あの会議室は20人しか入らない。
感情形容词＋させる	仕事で一人前になってお母さんを安心させたい。
Nのところ＜处所化＞	週末になると、両親のところに帰る。
日语简体会话的特点（3）	宿題、忘れちゃった。

助詞のまとめ

说明：黑色为第 1 册学习项目，彩色为第 2 册学习项目

助詞	意味	例文
は	話題	王さんは大学生です。
	対比	「日本史」は難しくなかったですが、「翻訳」は大変でした。
	部分否定	全部は飲まなくてもいいです。
が	主体	スマホが鳴ります。
	転折	勉強は大変ですが、楽しいです。
	順接	おみやげが買いたいんですが、どこがいいですか。
	感受	今日はいいことがある気がする。
を	客体	父は毎朝新聞を読みます。
	移动的范围	朝、公園を散歩しました。
	出发点	3時に大学を出ました。
	呈现状态	彼氏はやさしい声をしている。
で	动作的处所	私は毎晩図書館で勉強します。
	工具、手段	中国人は箸でご飯を食べます。
	范围	この店は中国でとても有名です。
	限定（数量）	300元でシルクのが買えます。
	原材料	木で箱を作りました。
	动作主体的数量、范围	二人で行きましょう。
	原因、理由	地震で電車が止まった。
	时间量的限定	1日で嫌になった。
	动作主体	交通費は会社で全額負担します。
に	目的地	李さんは食堂に行きました。
	时间（时点）	3時に行きましょう。
	対象	デパートで友達に会いました。
	附着点、到达点	ノートに名前を書いた。
	客体的处所	町に家を買った
	状态、性质的対象	高橋さんは京劇に詳しいです。
	频率	2週間に1回映画を見ています。

助詞のまとめ

（续表）

助詞	意味	例文
	原因、诱因	今の大学生活にとても満足している。
	状态	長い箸を縦に置く。
	能力的主体	この仕事は私にはとても無理です。
	用途、目的	そんな大金を何に使うんでしょうね。
	目的	海外へ行くにはビザが必要だ。
へ	方向	李さんは夏休みに日本へ行きました。
も	类同	王さんは2年生です。李さんも2年生です。
	全称否定	きのうは何も食べませんでした。
	无助词现象	三年生の周さん｛φ｝、二等賞でしたね。
	主观多量	ビールを5本も飲みました。
	并列	王さんも李さんも2年生です。
と	并列	高橋さんと鈴木さんは留学生です。
	相互动作的对象	友達といろいろなことを話しました。
	同一动作的参与者	高橋さんは王さんといっしょに図書館へ行きました。
	类同	李さんは私と同じクラスです。 （李さんは私とクラスが同じです）
	引用	これは日本語で何と言うんですか。
	条件	春になると、花が咲く。
の	领属	鈴木さんは京華大学の留学生です。
	同位	こちらは友達の張さんです。
	动词词组名词化	これは母へのプレゼントです。
	形式名词	300元でシルクのが買えます。
	连体修饰语从句中的主语	これは李さんのよく行く店です。
	疑问	どんな映画が好きなの？
か	疑问	王さんは大学生ですか。
	虚指	教室に誰かいます。
	选择性并列	朝はパンかマントウを食べます。
	确认的语气	「学生社長」か……。いいですね。

（续表）

助詞	意味	例文
から	起点	図書館は朝8時からです。
	原材料、成分	牛乳からチーズを作ります。
	原因、理由	天気がいいから、散歩しましょう。
	先后顺序	説明を聞いてから決める。
	动作主体、顺序起点	私からも頼んでみます。
まで	終点	図書館は夜10時までです。
	状态持续的终点	王さんが来るまで待ちましょう。
までに	期限	月曜日までに宿題を出してください。
だけ	限定	これは日英だけの辞書ですか。
	限定	牛乳だけでおなかがいっぱいになる。
しか	限定	これは日英しかない辞書ですか。
とか	挙例	ゲームとかチャットをします。
～や～など	并列	ひらがなやカタカナなどは簡単です。
し	并列、罗列理由	いい彼氏ができたし、仕事も楽しいし、幸せ！ もう帰ろうか、風も冷たいし。
でも	示例	お茶でも飲みませんか。
	极端的情况	子どもでもわかる。
ても	让步条件	失敗しても諦めない。 寒くても平気。 見た目は地味でも、モテる人はモテる。 家族でも勝手にスマホを見てはいけない。
さえ	充分条件	スマホさえあればカメラはいりません。
ばかり	动作刚刚结束	北京に来たばかりで、まだこちらの生活に慣れていない。
ながら	同時	お茶を飲みながらテレビを見ている。
ので	原因、理由	寒いので窓を閉めた。
のに	转折	薬を飲んだのに、熱が下がりません。 日曜日なのに出勤しなければならない。 寒いのにアイスがよく売れる。
くらい	大概的数量	あと30分ぐらいかかります。
	程度	練習は十分すぎるくらいやった。

助詞のまとめ

（续表）

助詞	意味	例文
ほど	比較	この映画は原作ほど面白くない。
	概数	りんごを5つほどください。
	程度递进	日本語は勉強すればするほどおもしろくなります。 果物は甘ければ甘いほど好きだ。 魚は新鮮であれば新鮮であるほどおいしい
ずつ	均分	一人一つずつ質問しました。
って	話題	鈴木さんってどんな人ですか。
なら	話題、条件	今ならまだ間に合います。
	主題	紅葉なら、香山公園がおすすめです。
なんて	主題	約束を忘れるなんて、ひどい。
ね	确认	寒いですね。
	确认或征求对方同意	あ、水ギョーザですね。
	评论属于听话人的信息	いいお休みでしたね。
	叮嘱	お弁当、忘れないでね。
わね	语气缓和的主张或叮问	また電話するわね。
よ	主張、提示	寒いですよ。
	強調	おいしいですよ。
	告知信息、提醒注意	心配になって電話したのよ。
	加强语气	鈴木さん、髪型を変えたんですね。似合ってますよ。
よね	确认	休みのあいだに、王さんのお宅へ行ったんですよね。
のよ	告知信息、提醒注意	心配になって電話したのよ。
わよ	不太强烈的主张和意向	出かけるときは、マスクをしたほうがいいわよ。
かな	疑问	電話しようかな。
かなあ	表示疑问或无法断定的心情	そうかなあ。
かしら	疑问	美穂、大丈夫かしら。
なあ	自言自语	ああ、困ったなあ。
な	推测的语气	でも、きっと当たらないだろうな。
かも	不确切的断定	李さんなら、優勝できるかも。